DU MÊME AUTEUR

Histoire

HISTOIRE DE L'OPÉRA DE PARIS, Librairie académique Perrin, 1984

LA REINE VELUE. MARIE-JOSÉPHINE-LOUISE DE SAVOIE, DERNIÈRE REINE DE FRANCE, Grasset, 1993

MARIE D'AGOULT, UNE FEMME LIBRE, Albin Michel, 2024 (nouvelle édition refondue)

Romans

TRAHISON, Grasset, 1994

L'AMOUR FAMILIAL, Grasset, 1997

Autour de Marie d'Agoult

Présentation et notes de NÉLIDA de Daniel Stern (Marie d'Agoult), Calmann-Lévy, 1987 et 2010

Présentation et notes des MÉMOIRES, SOUVENIRS ET JOURNAUX de Marie d'Agoult, Mercure de France, 1990 et 2007

Présentation et notes de MARIE D'AGOULT – GEORGE SAND – CORRESPONDANCE, Bartillat, 1995, réédition 2001

HORTENSE ET MARIE. UNE SI BELLE AMITIÉ (1838-1876), Flammarion, 2018

Édition de la CORRESPONDANCE GÉNÉRALE DE MARIE DE FLAVIGNY, COMTESSE D'AGOULT, Honoré Champion, 2003-2025, dix-sept volumes

DANIEL LISZT

Charles Dupêchez

DANIEL LISZT

UN FILS MAL-AIMÉ

MERCVRE DE FRANCE

La vérité meurt jeune.

ROMAIN GARY,
La Promesse de l'aube

INTRODUCTION

Aurait-il marché sur les brisées de ses célèbres parents ? Mourir à vingt ans en laissant tant de promesses, c'est laisser la question sans réponse. Daniel Liszt aurait-il développé les multiples talents qui le rendirent si exceptionnel ? Se serait-il étiolé au fil des années suivantes pour rejoindre la masse des anonymes comme il arrive à tant de jeunes gens qui étincellent au seuil de l'âge adulte et s'éteignent aussitôt comme un feu de paille ? Cet être surdoué mais très émotif aurait-il été finalement écrasé par des parents hors du commun, chacun muré dans un narcissisme absolu, l'un doué de génie et l'autre d'une puissante intelligence ? Ils ne se préoccupèrent guère de lui et le regardèrent plutôt comme un embarras dans l'accomplissement de leur mission supérieure. Son père, Franz Liszt, qui a laissé à juste titre l'image d'un compositeur altruiste et généreux envers ses pairs, se montra indifférent à sa naissance, ne s'intéressa que tardivement à lui et s'employa toujours à le tenir éloigné. L'influence d'une compagne tracassière et jalouse de son passé, la princesse Carolyne zu Sayn-Wittgenstein, qui n'eut de cesse d'arracher à leur mère naturelle les trois enfants qu'il en avait eus, contribua à son étonnante désaffection. Cette mère, Marie de Flavigny, comtesse d'Agoult, une aristocrate de haut rang, devenue Daniel Stern en littérature au prix d'un labeur obstiné, se montra pleinement absorbée par sa carrière d'écrivain et préoccupée par l'idée de rester aux yeux de la postérité comme l'incarnation de la femme libre et l'égale intellectuelle de l'homme.

Parents indignes, Franz Liszt et Marie d'Agoult ? Il semblerait. Or, rien n'était plus inattendu qu'un tel comportement chez ces deux personnages d'exception, capables de grands élans philanthropiques et ouverts sur le monde qui les entourait. Leur seul fils, doté de maints talents à leur image, avait tout pour les séduire, flatter leur orgueil et accroître la fierté dont ils s'enflaient. Ses qualités supérieures leur prouvaient sans conteste combien il était fait du même bois qu'eux. Sa grâce, son intelligence et sa beauté charmaient instantanément tous ceux qui l'approchaient. C'est en vain qu'on chercherait chez les contemporains une critique, une réserve sur sa personnalité. Tantôt espiègle, tantôt grave, le garçon séduisait avec naturel tout un chacun, dissimulant avec panache l'épine qui lui lacérait le cœur : la brouille violente et indigne de parents vindicatifs. « Je suis convaincue que son cœur se serait "brisé" faute de pouvoir se "bronzer" », écrira sa sœur Cosima quelques années plus tard. Choyé par sa grand-mère et ses deux sœurs aînées, il refoula son déchirement dans l'amour des études, les lettres, la philosophie, la musique, non sans les teinter abondamment de mysticisme. Longtemps après sa mort, cette sœur, devenue l'épouse de Richard Wagner, jeta sur lui, dans son journal, cette appréciation lucide, un jour où elle était allée se recueillir sur sa tombe à Berlin : « Il aura été victime de la légèreté de notre père, de notre mère et de l'indolente cruauté de la princesse Sayn-Wittgenstein. »

PETITE ENFANCE

Daniel Liszt naît le 9 mai 1839 à Rome au palazzetto Albani, via delle Quattro Fontane, n° 54. L'accouchement, comme les quatre qu'a déjà vécus la mère, se déroule sans complications avec le concours de la sage-femme Laura Gogilla. « Madame d'Agoult est on ne peut mieux. Dans une huitaine de jours, elle quittera son lit, j'espère », écrit Liszt à leur nouvelle amie de Florence, la femme de lettres Hortense Allart. C'est une journée qui s'achève dans la liesse. Car la Ville éternelle vibre tout le jour de coups de canon pour célébrer le saint jour de l'Ascension dans des tourbillons de fumée et d'encens. À midi, sous un ciel pur et ardent, à peu près au moment où l'enfant a poussé ses premiers cris, s'est tenue, de l'autre côté de la ville, la grandiose bénédiction papale devant l'église Saint-Jean-de-Latran, parée de tapis de pourpre et d'or, et d'un voile immense tendu au-dessus de son péristyle. Au son assourdissant des cloches et des acclamations du peuple, le gras pontife y a été transporté sur un trône d'or ombragé par de riches éventails garnis de plumes de paon. Les deux parents, friands de spectacles nouveaux qu'ils observent avec l'œil critique du journaliste afin d'en nourrir des articles qu'ils envoient à la *Revue et gazette musicale de Paris*, regrettent-ils d'avoir manqué la cérémonie ? Lui, c'est donc Franz Liszt, un virtuose du piano d'origine hongroise mais éduqué à Paris, célèbre dans toute l'Europe depuis plusieurs années. Sans remonter à l'époque des castrats, il n'y a, parmi ses contemporains, que le violoniste Niccolò Paganini et la cantatrice Maria Malibran qui jouissent d'une renommée aussi éclatante. Les journaux relatent la moindre de ses apparitions en public. Ses concerts déchaînent un enthousiasme frénétique. Les souverains et les princes, disséminés alors dans une Italie morcelée, l'invitent à leur cour dès qu'ils apprennent son passage sur leur fief. Une effervescence l'entoure jour et nuit. Il s'en grise et se conduit en seigneur. Il vient d'imposer, avec audace et succès, le récital de piano, réussissant à captiver avec son seul instrument et en jouant de mémoire l'attention d'un public pendant toute une soirée ; jusqu'alors, l'affiche des concerts mélangeait toujours pages orchestrales, pièces solistes pour instruments divers et morceaux vocaux, sans souci de cohérence. Elle, c'est la comtesse d'Agoult, une belle aristocrate blonde de haut rang qui a quitté un mari de quinze ans son aîné, sa fille Claire et une position élevée, pour suivre par amour ce superbe saltimbanque de presque six ans son cadet. Leur liaison a éclaté au grand jour quatre ans plus tôt lorsqu'ils se sont enfuis de Paris pour s'établir à Genève et y afficher publiquement leur couple, prêts à affronter une société connue pour son conservatisme et crispée sur le qu'en-dira-t-on. Cet acte de courage qu'ils revendiquent comme un droit à la liberté est sans précédent dans les milieux qu'ils côtoient. Après avoir pérégriné, pendant deux ans, dans maintes grandes villes italiennes pour y traquer les œuvres d'art, ils séjournent au bord du Tibre depuis le début du mois de février. Ils ont donc quasiment accompli le traditionnel tour d'Italie auquel rêvent non seulement les artistes mais toute l'intelligentsia d'alors, renonçant toutefois in extremis à Naples où s'est abattu le choléra. Devant ce couple brillant mais illégitime, l'aristocratie italienne, au sein de laquelle évoluent les amants, se montre plus tolérante que la française. Du moment que les apparences ne troublent pas la moralité, nombre de conjoints mènent une vie indépendante.

Deux jours plus tard, le nouveau-né est baptisé à 18 heures par le curé Graziani de l'église Saint-Louis-des-Français, où sommeillent trois toiles du Caravage alors inaperçues. Le certificat est capital car il sert d'acte de naissance dans un pays où l'état civil n'existe pas. L'enfant est déclaré fils de « l'illustre » Franz Liszt et de mère inconnue. Oui, le père est bel et bien qualifié d'« illustre », épithète certes galvaudée en Italie, mais peu usitée dans un acte de baptême parce que probablement superfétatoire aux yeux de Dieu. Elle est plutôt réservée à des aristocrates. Ainsi, même un modeste curé de paroisse assimile Liszt à un quasi-monarque. Très sensible aux honneurs, goûtant la fréquentation des altesses – il se rêva plus tard une ascendance noble avec titre et blason –, celui-ci en tire beaucoup d'orgueil. Quant à la mère, son nom a été omis car, mariée au comte d'Agoult, elle n'en a pu divorcer puisque cette liberté, brièvement instaurée par la Première République, a été abolie par Napoléon Ier. Il en avait été de même pour les deux filles de son amant. Par un probable excès de prudence, on la déclare domiciliée dans une autre paroisse, celle de San Bernardo. Comment devinerait-elle que cette situation aura des conséquences tragiques lorsque, plongée plus tard dans un sordide conflit avec son ancien amant, elle souhaitera faire valoir ses droits maternels ? Parmi les lettres de la comtesse d'Agoult qui nous sont parvenues, quasiment aucune ne fait allusion à la naissance. Si George Sand est mise dans la confidence, encore est-ce d'une manière aussi indirecte que laconique : Franz, lui écrit Marie presque un mois plus tard, « devient mélancolique depuis qu'il se trouve père de *trois enfants en bas âge* ». Rien de plus. Quant à Liszt, on a vu plus haut qu'il en informe Hortense Allart, sans doute à la demande de Marie qui a noué avec elle des liens amicaux à Florence, les deux femmes s'étant, de surcroît, trouvées enceintes en même temps. Il s'exécute avec humour, non sans une pointe amphigourique dont il est coutumier : pas de faire-part imprimé, la prévient-il, puisque ni maire ni curé ne sont à l'origine de l'événement. « Permettez-moi donc, madame, de vous dire purement et simplement que rien n'est changé, qu'il n'y a qu'un Romain de plus. » Cette formule transpose une déclaration du futur Charles X lorsqu'il regagna Paris à la Restauration. La destinataire est une célibataire qui, affranchie des convenances, a mis au monde, deux mois plutôt, un second fils sans plus de père déclaré que le premier. Férue de littérature antique, elle s'empresse de féliciter Marie avec la pointe de malice dont elle se départ rarement : « J'ai été charmée d'apprendre que vous savez aussi faire des garçons, je suppose qu'après tant de filles, vous désiriez d'avoir un fils. Est-il content d'être né à Rome, en saura-t-il plus vite le latin ? » Liszt informe-t-il d'autres relations ? Songe-t-il seulement à sa mère installée à Paris ? Dans leur correspondance qui subsiste et qui a été publiée, il n'y en a aucune trace.

Le nouveau-né s'appelle désormais Daniel Henri François Joseph. Pourquoi Daniel ? Le prénom n'est guère usité à l'époque et ce choix révèle une empreinte maternelle. Car, de toutes les histoires de la Bible, c'est celle du prophète sauvé de la fosse aux lions que préfère la comtesse d'Agoult. N'a-t-elle pas, elle aussi, été sauvée par son amant de la fosse où elle clabaudait au point d'avoir attenté un jour à sa vie ? Ensevelie dans un milieu conventionnel, ses seules missions étaient d'aimer son mari et de mettre au monde des enfants. Franz Liszt lui a ouvert toutes grandes les portes de la liberté.

Sitôt leur devoir devant Dieu et la société accompli, le couple s'empresse, comme il l'a déjà fait pour leurs deux filles, d'expédier le petit garçon en nourrice. On aurait pu en savoir davantage sur le déroulement de ces journées de mai 1839 si la comtesse d'Agoult, appliquée à noter dans un journal les faits marquants de son existence, n'avait déchiré les pages portant sur cette période. Pourquoi cette destruction ? Pour effacer tout souvenir d'un enfant sacrifié ? Ou pour oublier les tensions d'un couple qui s'interroge alors sur son devenir ? Car leur train de vie, leurs déplacements, leur désir pressant de respirer à pleins poumons les délices italiens ne s'accommodent pas de la moindre contrainte même si, cinq mois plus tôt, ils ont accueilli leur fille Blandine dans leur foyer après l'avoir laissée en nourrice pendant trois ans (mais être allés cependant la voir un an et demi après sa naissance). Il est admis chez les dames aisées de confier son enfant à une mère nourricière jusqu'à l'arrivée des premières dents, l'allaitement étant considéré comme une fonction trop animale – plus d'un quart des nouveau-nés à Paris subissent ce sort à cette époque et, parmi eux, beaucoup d'enfants abandonnés ou nés de parents indigents ayant besoin de travailler. En général, elles le gardent néanmoins sous leur surveillance en le plaçant soit en leur demeure soit dans un lieu proche où se respire le bon air de la campagne. Rien de tel en l'occurrence : les parents envoient leur nouveau-né à trente kilomètres de Rome, dans un petit village médiéval, assez isolé, nommé Palestrina. Sans doute l'air vicié de Rome, bordé d'une zone insalubre de marais, avec la menace du choléra qui ravage alors régulièrement les populations urbaines, est-il entré en ligne de compte et ce choix est-il à imputer en partie à de la prudence. Car Palestrina est un joli endroit. Ses maisons cascadent au flanc d'une colline que couronne un imposant palais bâti en arc de cercle. Ils y ont repéré un couple de paysans qui s'est déclaré prêt à prendre l'enfant en pension, moyennant une généreuse rétribution. L'épouse fera la nourrice. Lors d'une petite visite que le couple leur fait quinze jours après la naissance, Marie constate laconiquement de son fils, dans son journal : « Il me semble fort laid. » Rien d'autre. Liszt et elle s'en remettent pleinement à ces villageois pour l'avenir de leur enfant. N'ont-ils pas fait de même avec leurs deux filles ? Blandine, comme on l'a dit, mais aussi Cosima qui est en nourrice à Côme depuis sa naissance, un an et demi plus tôt, et qu'ils n'ont pas revue depuis lors. Ce bourg de Palestrina a-t-il été choisi par déférence envers le célèbre musicien de la Renaissance qui y est né et en a porté le nom ? Ce compositeur de plus de cent messes est considéré comme le père de la musique liturgique. Pour Liszt, qui le vénère, ce choix n'est sans doute pas indifférent. Quelques années plus tard, il s'inspirera d'un de ses *Miserere* pour composer l'une de ses *Harmonies poétiques et religieuses*. La comtesse d'Agoult ne fera venir à elle son fils qu'après deux ans et demi. Mais il ne faut pas l'accuser trop vite d'être une mère dénaturée tant son retour à Paris va rencontrer d'embûches et rendre difficile ce rapatriement, d'autant plus que Franz Liszt ne l'y encourage pas. Pour autant, elle chantera les joies de la maternité, qu'elle considère comme une révolution, dans l'un de ses livres : « Ô mystère de la maternité ! Comment vous faire comprendre ! À ce cri [du nouveau-né] tout est apaisé, tout est oublié. Des larmes brillantes inondent les yeux, tout à l'heure voilés de ténèbres, de la jeune mère. Soudain ranimée, elle se soulève sur sa couche comme portée par d'invisibles mains et regarde, curieuse, autour d'elle. En ce moment l'homme de science tranche avec le fer le lien qui unit encore à elle le fruit de son amour en lui disant : Madame, un fils vous est né. L'orgueilleuse félicité des dieux descend dans le cœur maternel ; d'ineffables ravissements le remplissent d'une religieuse ivresse. » N'est-il pas révélateur qu'elle ait écrit « un fils vous est né » et non pas « un enfant » ? Mais elle, qui luttera toute sa vie pour demander que les femmes reçoivent un enseignement égal à celui des hommes, n'en ajoutera pas moins : « Il est faux, quoi qu'on en ait dit, que la maternité soit la vocation unique de la femme. » Quant à Franz Liszt, il ne reverra son fils pour la première fois que très brièvement lors d'un passage à Paris, cinq ans et demi plus tard.

Daniel n'est sans doute pas un enfant désiré, à moins qu'il ne soit celui de la dernière chance, dans la mesure où ses parents, au terme de six ans de liaison et quatre ans de pérégrinations, connaissent des dissensions. Malgré quelques heures difficiles à traverser, ils n'échafaudent cependant aucun projet de séparation. Compte tenu de leur situation délicate et vivement réprouvée en France, ils ne tiennent pas à s'honorer de la naissance de leurs trois enfants et se gardent d'en informer famille et amis de Paris. Le comte d'Agoult, qui ne sait plus rien de sa femme, pourrait en prendre ombrage, voulant protéger les droits de sa fille légitime dans un héritage maternel qui, à cette époque, s'annonce important.

Dans une société qui reste patriarcale, la naissance d'un fils, même illégitime, n'enorgueillit pourtant pas plus Liszt que ne l'ont fait celles de ses deux filles. Elle lui deviendra même une source d'ennui plutôt que de fierté. N'ayant aucun héritage à transmettre sinon un nom dont il est fier, il souhaite être le seul à l'illustrer pour la postérité. L'une de ses futures craintes sera même que ses enfants ne se montrent pas dignes de le porter. Et quand sa fille Cosima, puis son fils Daniel montreront des dons certains pour le piano, il les priera de renoncer à tout rêve de carrière.

Le peintre allemand Henri Lehmann, âgé de vingt-cinq ans, finit alors son apprentissage auprès d'Ingres à Rome, bien qu'il ait déjà exposé en 1835 et 1836 au Salon des artistes à Paris, où il a séjourné plusieurs années. Il est venu rejoindre son maître qu'il adule et s'est installé depuis quelques semaines dans la Ville éternelle avant qu'arrive le couple déjà auréolé de prestige qu'il a rencontré à Paris. Il en est subjugué et devient vite le nouvel ami auquel on peut tout confier. Comme eux, il est artiste, homme élégant, assez bien nanti et soucieux de sa vêture. Il est choisi comme parrain du nouveau-né. Pas de marraine, en revanche. Bien que protestant, Lehmann a gardé la trace de ses origines juives avec un attachement viscéral au cercle familial. Ses oncles et tantes, ses frères et sœurs, dont une partie vit de la banque à Paris, nourrissent une part importante de sa vie affective. La notion de clan est essentielle pour lui. Quand le couple, selon ses plans, décide de quitter la ville afin d'échapper aux étouffantes chaleurs estivales, il offre généreusement de veiller sur le nourrisson. Franz Liszt et la comtesse d'Agoult acceptent volontiers sa proposition désintéressée mais ne lui imposent aucune contrainte. Cet ami dévoué n'attend que quelques jours après leur départ pour accomplir sa première inspection et leur en rendre compte. Soucieux de bien faire, il s'arrange pour surprendre les parents nourriciers de très bonne heure, avant même le lever du soleil, ayant donc parcouru la route à cheval dans la nuit. Son rapport est réconfortant : propreté du lieu et admiration réitérée des braves gens pour le musicien dont la superbe les a impressionnés et qu'ils nomment « notre prince ». L'enfant est déjà gras et babillard.

Un mois et demi plus tard, le couple se prélasse sous le soleil toscan, près de Lucques, dans une villa enchanteresse qu'il a louée. Elle est bordée d'une longue galerie à arcades et sise sur une colline plantée de vignes et de maïs, qui domine une vallée. Tous deux jouissent à plein de l'été, reçoivent amis et notables des environs et ne se préoccupent guère du devenir de leur fils, bien qu'ils se soient résolus à retirer leur fille aînée, Blandine, à sa nourrice. Ils l'avaient laissée jusque-là près de Genève, se satisfaisant de parcimonieuses nouvelles. La comtesse d'Agoult ouvre un nouveau journal, qu'elle tiendra épisodiquement, pour noter quelques faits marquants sur le comportement de cette blonde enfant dont elle s'éprend immédiatement. Apprenant la situation familiale de ses anciens amis, George Sand jette dans son journal intime des propos fielleux qui tranchent avec sa bienveillance autoproclamée. Flétrissant l'amitié profonde qui la liait, il y a encore peu, à la comtesse d'Agoult, elle la compare à une femme entretenue « qui ne s'occupe de sa progéniture non plus qu'une portée de chats ». Mais la romancière futée se garde bien de livrer tout haut le fond de sa pensée qu'elle réserve strictement à ses papiers intimes. Mieux que quiconque, elle cultive en public son aura d'âme magnanime avec maestria, comme elle le fera maintes fois.

Lehmann, qui a rejoint pour quelques semaines le couple dans sa villa de location, reprend son inspection aussitôt de retour à Rome. Trois mois plus tard, il dresse un constat rassérénant : l'enfant a déjà beaucoup grandi, il a gardé ses magnifiques yeux bleus et montre une vivacité telle qu'il tire sur la barbe du peintre. En novembre, il annonce la percée des premières dents, cause habituelle d'un léger amaigrissement, et s'émeut devant des pleurs qu'il juge intelligents et tendres. Mais, de toute évidence, l'éloignement de Palestrina ne lui facilite pas la tâche. La comtesse d'Agoult le comprend si bien que, tout juste réinstallée à Paris avec ses deux filles, elle le prie, le 15 décembre, de renoncer à ses visites harassantes. Si elle reconnaît que les nouvelles qu'il lui envoie lui donnent grande joie, elle confesse sans atermoiement la médiocrité de son instinct maternel, à moins qu'elle ne traverse une phase de découragement comme elle en est coutumière : « C'est une vraie folie et, au fond, une folie sans résultat. Cet enfant est forcément confié à la providence ou au hasard. Ce que j'ai de mieux à faire est d'y penser le moins possible. » Probablement surpris par une telle réaction qu'il se refuse à prendre au pied de la lettre, le bon Henri Lehmann persiste dans l'accomplissement de sa mission : « Malgré votre défense, je retournerai à Palestrina. Cela est très facile et je ne vois pas la nécessité d'augmenter les chances du hasard auxquelles ce cher Daniel est exposé au lieu de les diminuer. »

Entre-temps, les amants, qui entretiennent toujours une liaison forte, ont décidé de se séparer physiquement. Ayant désormais la charge de trois enfants, Franz Liszt a besoin de gagner davantage d'argent. Fort de sa renommée, il a décidé d'entreprendre une grande tournée européenne de concerts, qui va durer plusieurs années et le mener jusqu'en Russie. Quant à la comtesse d'Agoult, depuis son départ pour la Suisse, elle est partiellement privée de ses revenus personnels, gérés par son mari et sa famille. Elle serait bien aise de les recouvrer pleinement et elle a choisi de regagner Paris en espérant obtenir une réconciliation. Les amants prévoient de se rejoindre autant qu'ils le pourront au gré des voyages de Franz Liszt. Outre des retrouvailles à Bruxelles, à Paris (plusieurs fois), Baden-Baden, Dunkerque, Fontainebleau, et un séjour assez tendu entre eux à Londres, ils passeront aussi quelques mois d'été sur une île du Rhin. Mais, empêchant tout retour à l'intimité des premiers temps, le tourbillon populaire que soulève partout l'arrivée du musicien ne cesse jamais, d'autant plus que celui-ci, ivre de ses triomphes, ne résiste plus à l'appel des honneurs et des banquets arrosés. « J'acquiers une certaine importance dans le monde musical, ce qui est l'essentiel », écrit-il en mai 1840 à sa compagne. Celle-ci souffre en silence, ayant admis que son virtuose d'amant, en passe de devenir un compositeur dont elle est l'une des premières à avoir deviné le génie, ne saurait étouffer dans un cocon domestique. Toujours profondément éprise, elle tente de susciter sa jalousie en amorçant des relations ambiguës avec quelques soupirants pressants. Plus ou moins influents dans le monde littéraire, diplomatique ou journalistique, ces hommes honorent de leur assiduité le salon qu'elle a ouvert. Convaincu de son emprise sur elle, Franz Liszt n'est pas dupe et, plutôt que de manifester de la jalousie et de protester comme elle l'attendrait, il joue habilement l'indifférence, se disculpant probablement par là même, en son for intérieur, de quelques-uns de ses propres écarts. « Ô c'est vous, vous seul qui avez tout changé par la force de votre amour ? C'est à vous que je rends grâce car c'est vous qui avez écrasé le serpent et qui pour la seconde fois m'enlevez sur vos ailes dans la région idéale vers laquelle je soupirais », lui écrit-elle après un séjour commun à Fontainebleau.

Cependant, Henri Lehmann a quitté Rome en janvier 1840 pour séjourner à Paris afin d'y exposer trois œuvres au Salon des artistes. Il y demeure jusqu'à la mi-juin, retrouvant famille, maîtresse et amis. Pendant ces six mois, les parents de Daniel ne reçoivent donc aucune nouvelle de leur fils. Cela les trouble-t-il ? Aucunement. Aussitôt de retour à Rome, l'ami, toujours aussi scrupuleux, s'empresse de reprendre son inspection et découvre avec effroi que Daniel a considérablement dépéri : le malheureux enfant, qui a passé sa première année, n'a plus que la peau sur les os. Que faire ?

Encouragé par son frère cadet Rudolf, également peintre, qui est venu le rejoindre à Rome et qui parvient à vaincre ses scrupules, Henri Lehmann souhaite alors rapatrier le malheureux enfant près de lui afin d'être en mesure de le surveiller chaque jour. Toujours très consciencieux, il s'assure au préalable que l'air de la ville est redevenu parfaitement sain alors que le choléra, la maladie épidémique la plus redoutée, y sévissait à peine deux ans plus tôt et déferlait sur toute l'Europe. Il reconnaîtra plus tard combien cette entreprise lui parut hasardeuse et comme celle de la dernière chance pour sauver un enfant qu'il jugeait en fort mauvais état. La comtesse d'Agoult, restée stoïque devant cette nouvelle alarmante, lui donne son accord pour le transfert, et lui envoie une lettre à l'intention des nourriciers afin qu'ils lui remettent l'enfant. Mais, animée par une introspection courageuse qu'elle ne saurait déguiser comme elle n'a jamais dissimulé l'existence de ses enfants illégitimes, elle fait part de sa détermination à se soumettre au destin sans protester : « S'il arrivait malheur, ce qu'à Dieu ne plaise, vous savez bien que je suis faite au malheur et qu'il n'est pas dans ma nature de dire ou de penser : si on avait fait ceci ? Si on n'avait pas fait cela. » Est-ce la mort de sa fille aînée, née du comte d'Agoult et décédée dans ses bras à six ans, qui l'a endurcie ? Son journal témoigne de la violente douleur et de l'abattement qui l'avaient alors accablée. Mais, à cette époque, l'instinct de vie l'avait emporté : quelques semaines plus tard, elle tombait enceinte de Liszt et s'engageait auprès de lui. Il faut bien le constater à la lecture de leurs écrits : tant pour Franz Liszt, indifférent au sort de son fils depuis le début, que pour elle, la mort de Daniel n'aurait probablement été qu'un malheur fatidique.

Bien que les pluies diluviennes la retardent de quelques jours, Henri Lehmann accomplit sa mission au mois de novembre 1840 non sans affronter les protestations vigoureuses des nourriciers, sensibles à la perte d'un revenu confortable et pourtant, lors de la remise de l'enfant, généreusement gratifiés. Daniel, que Lehmann fait vacciner contre la petite vérole qui menace à Rome, est remis aux soins d'une femme déjà pourvue de plusieurs enfants et habitant près du palazzetto Borghese où il loge. La comtesse d'Agoult, peut-être atteinte par une poussée de culpabilité, dessine le vague projet de faire venir son fils auprès d'elle au printemps de 1841, ne sachant toutefois si elle entreprendra elle-même le voyage ou si elle missionnera quelqu'un pour le ramener. Quant à Franz Liszt, enivré de ses succès sur les terres germanophones, il n'entretient guère de correspondance avec Henri Lehmann et ne reçoit donc que d'épisodiques nouvelles de son fils. C'est par l'intermédiaire de son amante qu'il en est informé. Apprenant la louable velléité de rapatriement qu'elle manifeste, il s'y oppose aussitôt sans qu'on en comprenne la raison. Il enjoint qu'on laisse son fils à Rome encore toute l'année 1841 et s'épargne ainsi toute source d'ennuis dans l'immédiat.

Il est vrai cependant que la situation de la comtesse d'Agoult à Paris où elle a repris domicile en novembre 1839 avec ses filles, ayant embarqué Cosima lors de son passage à Gênes par la mer, est plus délicate qu'elle ne l'avait escomptée. Elle n'a pas oublié le mot qu'avait donné une vieille comtesse à l'une de ses amies : « Consolez-vous, ma chère, chez les grandes dames comme nous, l'honneur repousse comme les cheveux. » Sa mère va attendre plus d'un an avant d'accepter de la revoir. Quant à son frère, le comte de Flavigny, un opportuniste rallié à la monarchie de Juillet pour obtenir la pairie après avoir été un suppôt de Charles X, il est trop soumis à une épouse bigote et bornée pour laisser libre cours à ses émotions. Il lui annonce que les retrouvailles avec les siens sont subordonnées à l'éloignement des deux fillettes, preuves intolérables d'un scandale à oublier. Qu'elle s'en débarrasse de la manière qui lui conviendra ! C'est la condition qu'il met pour permettre à celle qui ne renonce pas à faire valoir son titre de comtesse de recouvrer les subsides dont elle a tant besoin. À un ami, elle révèle que sa mère, la vicomtesse de Flavigny, « proteste par son constant silence contre l'existence de ces enfants, et devient terriblement embarrassée quand il en est question ». Décision est donc prise de confier les indésirables demoiselles à la grand-mère Liszt, qui a largement dépassé la cinquantaine. Elle va les héberger dans son appartement de la rue Pigalle avant d'en arrêter un autre, rue Louis-le-Grand. La comtesse d'Agoult se résigne à y rendre visite à ses filles en catimini, même si elle prend parfois le risque de les recevoir chez elle. Dans ses lettres à Liszt, elle ne manque pas d'exprimer sa joie quand elle les rencontre et s'attriste de la situation qu'elle doit subir. C'est que l'animation de son salon, devenant de plus en plus fréquenté et apprécié, l'occupe beaucoup. Elle peut enfin jouir pleinement des fillettes lors d'un séjour à Fontainebleau, à l'écart du monde, en septembre 1840 où le musicien les rejoint pendant deux semaines. Il est à noter que jamais la famille au grand complet – les parents et leurs trois enfants – ne se trouva réunie au cours de son histoire.

Enfin, pour rencontrer sa fille légitime, Claire, maintenant âgée de neuf ans, qui voit une mère lui tomber du ciel et ignorera jusqu'à son mariage l'existence de ses trois demi-frère et sœurs, Marie obtient un droit de visite au couvent où, après sa fugue, la famille l'a placée quatre ans plus tôt. Mais, strictement surveillée, elle n'obtient pas le droit de l'en faire sortir et doit se contenter du parloir. Au fil des années, ses activités maternelles deviennent peu à peu marginales dans son emploi du temps : l'entretien de son salon, où elle organise de petits concerts et des lectures, et les premiers articles de critique qu'elle publie, sous le nom de Daniel Stern, après avoir longtemps refoulé son aspiration d'écrivain, l'accaparent.

Pendant ce temps, le transfert de Daniel, de Palestrina à Rome, se révèle une réussite : Henri Lehmann parle presque d'un miracle en constatant que l'enfant est redevenu rose et gros, aimable et gai. En outre, il témoigne d'un fort caractère : « Il ne fait pas volontiers ce qu'on lui dit, et s'obstine à ne pas se plier à de certaines exigences de la bienséance ; son humeur est fort journalière. » Se fondant donc sur la déclaration du peintre, la comtesse assure à Liszt que leur fils n'a pas souffert de ce changement. Et, amplifiant le témoignage de Lehmann, elle ajoute qu'il est cependant devenu « irritable, nerveux, grosse tête ». En pronostiquant que Daniel sera dur à élever, Henri Lehmann se trompe : au contraire, affectueux, docile quoique facétieux, le garçon se montrera facile et ne cessera de quêter l'affection de ses parents en essayant de se conformer à leurs désirs. Hélas, il attendra longtemps. Car ces parents, gonflés par une haute estime d'eux-mêmes, ne s'en soucieront que moyennement et daigneront ne lui distribuer quelques miettes de considération que lorsqu'il aura recueilli ses premiers lauriers scolaires, indispensables à leur goût pour être admis dans leurs intimités respectives.

Lorsqu'il a passé ses deux ans et demi et prouvé son obstination à vouloir vivre, sa mère envisage sérieusement de le rapatrier auprès d'elle. Franz Liszt, attelé dans sa course aux concerts à travers l'Europe, a dû prendre un secrétaire pour gérer ses affaires quotidiennes. Il est d'origine italienne et s'appelle Gaetano Belloni. C'est la mère de celui-ci, qui a élevé une demi-douzaine d'enfants, qu'on sollicite pour aller quérir Daniel et le ramener à Paris. Vaillante et résolue, la dame accomplit sa mission avec succès à la mi-novembre 1841. La comtesse d'Agoult, inquiète des effets que pourrait avoir la rupture avec les nourriciers, lui recommande de brusquer l'arrachement sans permettre la moindre phase transitoire car « un enfant oublie vite mais si on ne le sèvre pas absolument de la vue de celle qu'il doit oublier, les pleurs recommencent chaque fois et l'on éternise la crise ». Obéissant aux critères de son époque qui n'attachent aucune importance aux blessures de la petite enfance, elle impose donc une méthode radicale. Daniel en gardera-t-il des séquelles ? Forcément.

PARIS

Voilà donc un enfant qu'une inconnue arrache brutalement à ceux qui l'entouraient de soins, qu'on transbahute plusieurs jours sur terre et par mer, et qui arrive dans un milieu où l'ensemble de ses habitudes est bouleversé. Non seulement son alimentation mais aussi sa vêture puisque Paris approche de l'hiver où la température est moins clémente que celle du Latium. La Rome bucolique de l'époque, avec de vastes étendues en friche où paissent encore des vaches au milieu de ruines, n'a rien à voir avec un Paris bruyant et très peuplé aux voies encombrées et dangereuses. Enfin, on s'adresse à lui dans une langue qu'il n'entend probablement pas bien. Un changement aussi radical ne peut laisser quiconque indemne. Les premiers travaux sur la psychologie de l'enfant ne sont apparus qu'entre 1850 et 1880, et ce qu'on appelle la théorie de l'attachement, plus tard encore; mais la personnalité que va développer Daniel correspond assez bien aux grands traits qui seront mis en lumière chez les enfants ayant traversé des épreuves similaires. Il va devenir un garçon toujours tiraillé entre le besoin de faire le pitre pour attirer l'attention et une soumission totale à l'autorité afin de se sentir protégé. Doté de talents multiples et hors du commun, écartelé entre des désirs incompatibles, il ne cessera de s'analyser, voire de se torturer, pour essayer d'harmoniser ses aspirations. Son inconscient lui dictant probablement de ne plus revivre le déchirement de sa petite enfance, il n'entretiendra aucune amitié de longue durée ; en revanche, par sa vive sociabilité, son apparente et constante jovialité, il accumulera les camarades qui se succéderont au fil des années et dont il s'éloignera ensuite avec la même désinvolture. Comprimant en lui ses interrogations intimes, se confiera-t-il jamais à l'un d'entre eux ? Il ne semble pas. De même, on ne trouve aucune trace d'une amourette, voire d'une quelconque liaison sentimentale, dans les lettres à ses sœurs qui resteront pourtant ses seules confidentes.

Cependant, contre toute attente, la comtesse d'Agoult l'accueille avec joie. Elle a le réflexe banal propre à bien des mères en s'écriant à sa découverte : « C'est le plus bel enfant du monde ! » Est-ce le cri d'une femme qu'on a souvent dite dénaturée ? Daniel s'en va rejoindre ses sœurs chez Mme Liszt. Et la première préoccupation de Franz Liszt, toujours lapidaire dans ses lettres quand il évoque ses enfants, est d'enjoindre à sa mère de ne pas le gâter. Il n'en demande pas davantage. La vieillissante grand-mère trouve-t-elle sa charge trop lourde ? Se plaint-elle ? La comtesse d'Agoult l'accuse bientôt de clabaudage odieux. Récriminant auprès de Liszt, elle songe à lui retirer la garde des enfants. Cependant, à qui les remettre ? Plusieurs hypothèses sont échafaudées pour les confier à une gouvernante mais, pour des raisons plus ou moins claires, elles n'aboutissent pas. De son côté, Liszt s'inquiète de la valse soutenue des bonnes recrutées par sa mère pour l'assister dans sa tâche assez lourde. Celle-ci se montrerait-elle trop exigeante ? Ou les enfants aux fortes personnalités sont-ils ingouvernables ? Aucune information sur l'identité de ces domestiques passagers ou sur leur origine ne nous est parvenue.

Autant, en général, l'indissolubilité du mariage oblige les conjoints à tenter de surmonter les tensions qui les agitent, autant la précarité d'une union libre, soumise à l'opprobre de la société, les pousse souvent à s'en dégager par une rupture. S'ils ont décidé de se séparer physiquement en octobre 1839 par réalisme devant les nécessités de la vie, les liens de Franz Liszt et de la comtesse d'Agoult restent encore très solides. Ils vont résister pendant cinq ans à des frictions et à des orages liés au goût grandissant de Liszt pour les appas féminins. En effet, les journaux ne manquent pas d'évoquer les marquises et duchesses au bras desquelles il s'affiche au cours de ses périples, non sans sous-entendre une certaine proximité entre elles et lui. La comtesse d'Agoult affronte ces humiliations avec dignité. Malgré les distances qui les éloignent, rompues par des retrouvailles intermittentes en divers endroits, le couple reste officiellement uni et échange une correspondance soutenue qu'innerve un amour indiscutable. Il passe notamment les étés 1841 et 1843 sur l'île rhénane de Nonnenwerth où, la seconde fois, il emmène Blandine, devenue assez grande pour ne pas causer d'ennuis. La petite fille ravit les hôtes venus rendre visite à ses parents illustres. Car les amis et quelques curieux, toujours séduits par l'aura du couple, ne manquent pas d'accourir. Peu d'information subsiste sur l'éducation des enfants, bénéficiant de professeurs à domicile, jusqu'à la rupture de leurs parents.

Dans les agendas où elle note rencontres et lectures, la comtesse d'Agoult évoque à peine son fils. Elle est un peu plus prolixe sur ses filles lors de ses visites ou lorsqu'elle les reçoit épisodiquement chez elle. Mais elle ne manque pas de noter les bons mots de Daniel chaque fois qu'ils témoignent de sa précocité ou de son individualité. Les mères, en général, ne réagissent-elles pas ainsi, quitte à s'extasier parfois sur des propos banals tant elles sont persuadées d'avoir enfanté un être exceptionnel ? Mais, avec ce regard lucide qui la caractérise, y compris sur elle-même, et qui, en même temps, la déchire, la comtesse d'Agoult relève dans son journal, à la date du 22 janvier 1843, quelques traits qui forgent la singularité de son fils : « Daniel est une magnifique organisation. Une force calme. La douceur de ses grands yeux, la sérénité de son visage, la tendresse de son sourire ne se peuvent rendre. Il parle et marche lentement avec décision ; ne s'étonne, ne se trouble de rien. Il prend possession de la vie avec une satisfaction tranquille. Nous l'avons grisé avec un peu de vin de Champagne. Alors il voulait embrasser tout le monde, et le chien en particulier. » Le 10 janvier 1844, elle récidive dans son admiration : « Daniel est calme et fort. » Une autre de ses notes ne cesse de surprendre. Si elle la consigne laconiquement dans son journal sans y ajouter de commentaire, c'est qu'elle en a été probablement stupéfaite, et probablement fière. On peut comprendre sa surprise. Quand elle demande à son garçon de quatre ans et demi ce qu'il souhaite recevoir pour ses étrennes en 1843, il lui rétorque spontanément : « une conscience ». Comment ne pas s'émouvoir de l'étrangeté de cette déclaration même si Daniel n'en mesure pas la portée ? Et pourtant, il s'y révèle tout entier. Pour abonder dans ce sens, un médecin, adepte de la physiognomonie alors très en vogue, semble renchérir en déclarant que le petit garçon possède une tête magnifiquement philosophique. Indubitablement, il est précoce : à cinq ans, sa sœur atteste qu'il joue déjà du piano. Mais autant sa mère semble attentive à son développement, autant son père, toujours au loin, reste obstinément indifférent à l'originalité de son fils. Quand il demande à Henri Lehmann de lui adresser un portrait de ses filles, il précise ne pas souhaiter recevoir celui de son fils qu'il n'a pourtant pas revu depuis sa naissance. Son expression pour exprimer ce choix ne s'embarrasse d'aucune fioriture : « Je me figure Daniel rébarbatif à la couleur et au dessin et ne veux voir un portrait que quand il aura fait quelque chose de passable, dans quinze ou vingt ans, peut-être. » La ténuité de sa fibre paternelle détonne avec l'image d'altruiste qu'il peaufine pour la postérité. En 1844, Marie commande néanmoins à Amélie de Lacépède un pastel de ses trois enfants, qu'elle fait encadrer dans un médaillon.

Dans quelle mesure Daniel est-il atteint par la violente rupture de ses parents qui survient en mai 1844 et qu'il n'a jamais vus ensemble ? Au début du mois d'avril, Franz Liszt arrive à Paris, prêt à rejoindre sa compagne comme chaque fois que tous deux se retrouvent par intermittences depuis plus de quatre ans. Il ignore que celle-ci a pris la décision de mettre un terme à leur liaison. Marie d'Agoult est excédée par de probables infidélités que la presse se régale à suggérer et, surtout, par son affichage avec une intrigante de basse extraction, la danseuse Lola Montès. Il est vrai qu'à cette époque, le musicien, étourdi par ses succès et l'exaltation dont l'entourent ses admirateurs, a développé un ego surdimensionné qui le rend souvent insupportable. Balzac, dont il a été l'ami, s'en est détaché, regrette même de lui avoir dédié une œuvre et le considère désormais « déjà comme une vieille coquette, à qui l'applaudissement est indispensable… Il a la fatuité d'un comédien et la haine d'un accusateur public. Il n'a que des doigts », mande-t-il à sa future épouse, Mme Hanska. Rare, en effet, est l'être humain capable de garder la tête froide quand il recueille d'aussi tonitruantes ovations, quand princesses, duchesses, comtesses et baronnes, titres auxquels Liszt a toujours été sensible, se pâment devant lui et que tout un chacun s'emploie à satisfaire ses moindres désirs. Pourquoi sa compagne se démarquerait-elle ? Comme rien ne lui résiste, il ne croit pas au début au sérieux de la rupture. Marie n'a-t-elle pas déjà, dans le passé, manifesté à plusieurs reprises une velléité de rompre et n'est-il pas toujours parvenu à la reconquérir ? Dans les jours qui suivent son arrivée, plusieurs rencontres ont lieu mais Marie reste inébranlable dans son arrêt. Après une discussion orageuse, le 13 mai, qu'elle juge définitive, Liszt tombe malade dans la nuit. Si elle accourt à son chevet, ce n'est pas pour revenir sur sa décision ; seule l'empathie la guide. Le lendemain, elle plie bagage pour se réfugier dans la propriété de son enfance en Touraine, chez sa mère. Six jours plus tard, on amène Daniel à son père alors qu'il est encore alité dans la salle à manger. Le garçonnet de cinq ans se révèle-t-il trop raide ? Après son départ, Liszt, entouré de visiteurs, ne trouve rien de mieux que de lancer avec emphase et désinvolture, probablement pour mettre les rieurs de son côté : « La prochaine fois qu'il viendra, mons[ieur] mon fils me mettra sa carte ! » Un mois plus tard, rétabli mais sonné, il quitte Paris. Le couple a passé un accord. Selon une vieille tradition en usage dans les familles de la haute société, il a été convenu que la mère garderait la haute main sur l'éducation des filles, et le père sur celle de Daniel, la charge financière des trois enfants lui revenant entièrement. Blandine est mise en pension. Mais ni l'un ni l'autre, dans un premier temps, ne cherchent à aggraver la discorde. Écrite quelques semaines plus tard, une petite lettre de Franz Liszt subsiste, qui témoigne de sa volonté de ne rien envenimer : « Va embrasser ta sœur Cosima, va embrasser ton frère Daniel, dis-leur que Papa les aime et qu'il aura soin d'eux. […] Tu peux montrer cette lettre à ta mère, elle t'aidera à la lire. » Il insiste pour qu'ils fassent bien leur prière quotidienne. Ainsi juge-t-il pour l'heure que l'éloignement de leurs enfants, qui demeurent chez leur grand-mère, ne doit en rien les séparer de leur mère.

Mais la comtesse d'Agoult complique les tractations au cours des mois suivants où le ton de leur correspondance s'envenime. Craignant que Liszt ne se rende pas souvent à Paris, elle s'inquiète du cas où il manquerait à ses obligations financières. Selon les journaux qui suivent ses déplacements, il est, en effet, devenu fort sensible à l'esbroufe, jette l'argent par les fenêtres en régalant par de somptueux dîners et en multipliant les dons. Pour parer à une déficience éventuelle, elle demande la nomination d'un tuteur. On peut comprendre son anxiété. Ainsi, en avril 1846, il résidera à Vienne dans la luxueuse suite d'un palace, y organisant maints banquets. Mais, au terme de son séjour de deux semaines, le compositeur constatera ne pas être en capacité de régler l'hôtelier qui refuse de lui octroyer le moindre crédit malgré sa notoriété. Liszt devra emprunter de l'argent à l'un de ses amis et, humilié par l'affront qu'on aura osé lui infliger publiquement, il réglera théâtralement sa dette après avoir sommé le personnel de se réunir devant lui.

En guise de tuteur, la comtesse d'Agoult avance quelques noms. Franz Liszt, reparti en tournée, est blessé par cette initiative mais n'en donne pas moins des garanties, déclarant toute la confiance qu'il a en Marie pour assurer à ses filles la meilleure éducation possible. Il est vrai qu'il n'a encore jamais failli à ses obligations. C'est finalement un mandataire qui est choisi et qui remet les choses au point. Mais ce traité ne tient pas une année. La comtesse d'Agoult accuse bientôt à tort le musicien de ne pas remplir ses engagements, faute de respecter des échéances rigoureuses. En représailles, Liszt exige de son homme de confiance qu'il contrôle minutieusement tous les débours qu'elle fait pour leurs filles. Comme il devait s'y attendre, Marie ne saurait admettre une telle ingérence. Liszt revient alors sur son engagement, retire à la comtesse d'Agoult le droit de recevoir leurs filles chez elle et songe à obtenir leur nationalisation hongroise afin de les séparer définitivement d'une mère qui n'a, de fait, aucun pouvoir légal sur elles. Meurtrie par ce procédé perfide, celle-ci consulte un avocat qui donne raison à ses demandes. Forte de cet avis, la comtesse adjure alors Liszt de revenir à Paris pour constituer un tribunal composé d'amis, lequel statuerait sur un accord définitif. Il refuse et s'obstine dans sa volonté de soustraire définitivement les enfants à leur mère. Soudain, de manière imprévisible, après plusieurs mois d'une bagarre sordide, la comtesse d'Agoult fait volte-face : elle déclare qu'elle abandonne toute lutte et renonce à conserver tout regard sur le devenir de ses enfants. Les airs grandiloquents avec lesquels elle se démenait jusque-là tranchent avec cette décision aussi brutale qu'inattendue. C'est la fin des hostilités, ou plutôt un cessez-le-feu qui sera vite rompu. Marie a-t-elle succombé à la pression de sa famille qui a sans doute considéré cette abdication avec soulagement, ayant craint qu'elle eût à héberger ses enfants et réactivât ainsi le scandale au vu de la bonne société ?

Dans la lutte affligeante qui déchire les anciens amants, il est triste de constater que le sort de Daniel n'est jamais pris en compte. Seules Blandine et Cosima paraissent nourrir les préoccupations de leurs parents.

On ne saurait mettre en doute la profonde blessure qu'éprouve la comtesse, mais son tapage nuit à sa cause et fait malheureusement douter son entourage de sa sincérité. À la suite de sa résolution extrême, elle ne reverra plus ses enfants avant six ans. Sans doute cet éloignement l'arrange-t-il un peu qui lui permet de se consacrer pleinement à sa carrière naissante de femme de lettres, où elle s'épanouit après y avoir aspiré depuis longtemps. Pour autant, cette raison, aussi compréhensible soit-elle, justifie mal une conduite qui reste difficile à défendre.

Quant à Franz Liszt, se reposant sur sa mère pour continuer à éduquer ses enfants, il se contente de leur adresser des recommandations convenues : « Grandissez et fortifiez-vous par l'intelligence et le cœur. Plus tard, vous recueillerez les fruits d'une bonne éducation et vous apporterez à ma vie sa meilleure part de bonheur. » Naturellement il n'omet pas de rappeler qu'il ne s'épargne ni peine ni travail pour que ses enfants recueillent dans la société les égards et la bienveillance dus au nom qu'ils portent. Il fait de brèves apparitions à Paris en décembre 1845 et en janvier 1846 entre plusieurs concerts qu'il donne en province. S'il accompagne une fois ses filles au théâtre et leur accorde parcimonieusement un peu de temps, il continue à ne porter aucune attention à Daniel, que ses sœurs surnomment ironiquement Dum-Dum. Il se contente d'espérer qu'au fil des ans son fils deviendra « moins bête » qu'il ne l'a remarqué. Après son départ, il se souviendra de son déplaisir de l'avoir trouvé une fois la bouche empâtée de confiture tant il déteste les enfants gloutons, comme il l'écrira à Cosima en se remémorant cette rencontre. C'est le seul souvenir qu'il semble avoir emporté de son fils. À l'instar de ses sœurs, Daniel ne reverra plus son père pendant sept ans. Comment, si jeune, pourrait-il en garder un souvenir autre que confus ? Au début du mois de janvier, un entretien entre Franz Liszt et la comtesse d'Agoult, qui s'est apaisée et s'est soumise à la sommation d'abandonner toute relation avec ses enfants, se déroule paisiblement. Le conflit aurait pu s'éteindre peu à peu si Marie ne s'était avisée, quelque temps après, de publier un roman, *Nélida*, qu'elle était en train d'achever et où, sous le pseudonyme littéraire de Daniel Stern, elle relate à sa façon leur liaison. Elle s'y octroie le noble rôle de victime et y déguise son ancien amant sous les traits d'un peintre veule et raté. Personne n'est dupe, bien qu'elle se défende d'avoir fait acte de vengeance. Blessé, Liszt, tout en niant naturellement se reconnaître dans le personnage, ne le lui pardonnera jamais. Ce genre de règlement de comptes par la voie livresque est dans l'air du temps. Plusieurs contemporaines, dont George Sand, succombent à cette tentation à la même époque.

Voilà donc trois enfants sans parents incarnés. Daniel ne connaît pas un père en chair et en os mais un être surnaturel que sa grand-mère vénère dans un appartement aménagé en musée, rempli de souvenirs, de livres ou de cadeaux reçus par ce dieu dont l'ombre plane jusqu'au moindre recoin. Profondément attaché à son art, qu'il considère comme un don divin et auquel il se soumet comme à un sacerdoce, Liszt s'estime un être prédestiné, devant se consacrer tout entier à la mission élevée qu'il a reçue. Il n'en est pas moins sensible aux honneurs des hommes et aime à accrocher ses décorations lorsqu'il monte au pupitre pour diriger un concert. Un peu plus tard, il tentera en vain de se découvrir une ascendance noble en plongeant dans les archives hongroises. On répète donc au petit Daniel que le monde acclame ce père invisible et se le dispute au point qu'il n'a guère de temps à accorder à des enfants insignifiants. Il faut absolument lui souhaiter son anniversaire, le 11 octobre, et cela deviendra quasiment un rite auquel les enfants ne dérogeront jamais. Quand ce commandeur daigne écrire à ses filles ou qu'il s'en soucie dans les lettres adressées à sa mère, Mme Liszt, il a une obsession : marteler combien ses enfants ont l'honneur de porter un nom illustre qu'ils ne doivent absolument pas entacher. Une manière explicite de signifier qu'il revient à Daniel de s'élever jusqu'à lui, en adoptant une conduite exemplaire et en s'appliquant à un travail scolaire assidu.

Dum-Dum baigne cependant dans un environnement chaleureux et s'attache à ses grandes sœurs, toujours joviales, qui l'entourent de prévenances. Mais ces moments de joyeuse intimité sont de courte durée. Il doit essuyer une nouvelle rupture lorsque Blandine est conduite en pension à la rentrée scolaire de 1844, suivie de sa sœur Cosima un an plus tard. Désemparé, il ne comprend pas cet arrachement brutal et demande à les suivre dans leur établissement. Lorsque sa grand-mère lui explique qu'un petit garçon ne peut intégrer une pension pour demoiselles, il implore, désespéré, qu'on l'habille en petite fille pour qu'il puisse les y rejoindre. Cet abandon ne peut que raviver la blessure de ses premières années. Gouverné par cette grand-mère très fervente, il ne manque pas une messe, le dimanche, et célèbre les fêtes liturgiques avec tout leur cérémonial. Le poids de la religion pèse lourdement dans sa prime éducation.

Mais à peine un an a-t-il passé dans cet appartement vidé de toute gaieté, où le garçonnet reçoit ses leçons à domicile, qu'il devient source d'embarras pour sa grand-mère. Qu'a-t-il appris jusque-là ? On l'ignore et peu importe pour son entourage si l'on en croit la comtesse d'Agoult qui, reflétant les idées de son temps, a jeté dans une lettre à un ami, quelques années plus tôt, cette sentence à propos de sa fille Claire : « Ce qu'on apprend à six ans me semble de peu d'importance. Personne de nous que je sache n'a retenu un mot de ses études d'enfance. » Ce propos lapidaire, tenu par une femme d'un tel niveau intellectuel et si attachée au savoir, surprend. Une fois de plus, Daniel gêne. En octobre 1846, Anna Liszt demande à son fils de la laisser l'inscrire dans une école plutôt que de continuer à recourir à des précepteurs. Liszt acquiesce avec une rudesse infondée : « Votre résolution de mettre Daniel [...] à la porte de la rue Louis-le-Grand est tout à fait selon mon désir, et je ne puis que l'approuver en tous points. Daniel était vraiment impossible à garder longtemps près de vous (sauf la nuit quand il dort). » Il se retrouve donc à sept ans inscrit dans l'institution de M. Augustin Harlez, qui vient de quitter la rue Monceau pour s'installer au n° 16, grande rue Verte – renommée, en 1851, rue de Penthièvre dans l'actuel huitième arrondissement. Ce professeur, âgé de trente-sept ans et natif du Pas-de-Calais, ne suit que douze élèves au maximum et s'adresse aux familles qui, dit-il dans sa réclame, « veulent pour leurs enfants des soins tout paternels ». Dans ce nouveau cadre, Daniel regagne le domicile de sa grand-mère tous les soirs. Mais, deux ans plus tard, la dame, se sentant vieillir, malgré l'affection indéniable qu'elle lui porte, se plaint à nouveau de la lourdeur de sa charge et propose de placer Daniel en internat au même endroit. Liszt, une nouvelle fois, lui envoie son accord plénier : « Vous avez parfaitement raison, chère mère ; il n'y a pas lieu à garder M. Dum-Dum à la maison et je suis tout à fait d'avis qu'on le place chez M. Harlez. » Daniel est donc inscrit en pension complète dans l'établissement d'un homme qui, féru de latin, reçoit pour mission de le préparer à son entrée au lycée.

Cependant Franz Liszt, connu pour sa générosité à secourir autrui, à jeter des dons à droite et à gauche tout en veillant de près à ce qu'on en fasse la publicité dans les journaux, ajoute implacablement : « Recommandez de ma part à M. Dum-Dum de ne pas perdre son temps et de ne pas me faire regretter l'argent que je dépense pour lui. Je serais heureux d'apprendre qu'il se conduit bien et qu'il se développe dans le sens d'un individu digne de se promener librement sous le soleil. » On chercherait en vain une parole un tantinet teintée d'affection. Et, faisant sans cesse acte de contrition, Daniel, sommé d'écrire régulièrement à son père pour lui rendre compte de ses occupations, se croit obligé de se confesser comme il le ferait devant un prêtre : « J'ai souvent des impatiences que je voudrais bien réprimer, j'espère que j'y parviendrai » (4 décembre 1848). Pour autant, il ne reçoit pas une once d'absolution.

Il étudie alors le français, le latin, le grec, l'anglais et l'allemand qu'il continue à pratiquer principalement avec sa grand-mère. Il se montre aussi doué pour le piano. On remarque sa grande facilité à mémoriser des morceaux et son talent dans l'improvisation. Mais Liszt fait clairement entendre qu'il s'oppose à tout rêve de carrière musicale, et cela d'autant plus qu'il est connu pour se méfier des enfants prodiges. Il est resté probablement échaudé par l'expérience qu'il a vécue avec l'un de ses premiers élèves, un certain Hermann Cohen, qu'il accueillit dans son cercle familial en lui accordant toute sa confiance et qui, plus âgé, lui vola trois mille francs et s'étourdit dans des mœurs dissolues (converti, il finit cependant sa vie en odeur de sainteté, beaucoup plus tard).

Quant à la comtesse d'Agoult, la pensée de ses enfants ne la quitte pas et elle recueille toutes les informations possibles sur eux par l'intermédiaire d'amis qui rendent visite à Mme Liszt, souvent au titre de l'amitié qu'ils portent à son fils. Ainsi se réjouit-elle d'apprendre, par exemple, d'Emma Herwegh, l'épouse du poète allemand exilé à Paris, avec lequel elle a connu une certaine intimité pendant quelques années, combien la beauté et l'intelligence de Daniel frappent ses interlocuteurs. Reste néanmoins incompréhensible son souhait de ne pas revoir Blandine à l'occasion de sa première communion alors que Liszt le lui propose en juin 1847.

Décidé à remplir la mission écrasante qu'on lui assigne de se montrer digne de son père, Daniel ne cesse de protester de ses efforts dans les lettres qu'il lui adresse. Devançant les réprimandes ou, tout au moins, l'expression du moindre mécontentement, il bat sa coulpe par anticipation dès qu'il estime ses résultats insuffisants, allant jusqu'à parfois s'humilier. Mais il garde espoir de s'amender et de satisfaire son inflexible paternel : « À votre retour, j'espère que vous ne me trouverez plus le même que j'étais autrefois, taquin et tapageur, et je crois que vous verrez en moi quelques changements. » Lors de ses vœux de 1849, il mande : « Je pense que je ferai ma première communion cette année, et que je pourrai après avoir reçu Jésus-Christ être à portée de comprendre tout ce que je vous dois. »

Liszt se sent d'autant plus éloigné de ses enfants qu'il est en train de refaire sa vie avec une nouvelle compagne, la princesse zu Sayn-Wittgenstein, qu'il a rencontrée à Kiev en 1847. D'origine polonaise et très riche, mais incomparablement moins belle que la blonde comtesse d'Agoult, cette petite brune boulotte, bigote et intelligente, est séparée de son mari dont elle a eu une fille. Le couple illégitime s'est installé à Weimar. À la fin du siècle précédent, cette petite ville de treize mille habitants, capitale d'un grand-duché miniature mais indépendant, était devenue un centre culturel dont le rayonnement a porté dans toute l'Europe. De grands écrivains, auteurs dramatiques et philosophes y ont vécu, à commencer par Goethe et Schiller dont les maisons vénérées se dressent au cœur de la ville. De ce glorieux passé, la bourgade a gardé théâtre et orchestre. Hommes de lettres et peintres de second rang y séjournent encore et se drapent des lambeaux du passé. La souveraine vieillissante, la grande-duchesse Maria Pavlovna, sœur du tsar de Russie, y protège avec vigueur la littérature et les arts, mais elle n'a pu empêcher qu'au fil des ans la ville s'endorme lentement et devienne surtout un musée où l'on entretient davantage les fantômes du passé que les flammes des vivants. Le grand-duché est, en outre, grevé de dettes, et son prince régnant doit gérer un budget de plus en plus serré. En nommant en 1842 Franz Liszt maître de chapelle en service extraordinaire à sa cour, se doute-t-il de l'étincelante renaissance que le musicien va insuffler à sa ville ? Le compositeur s'y installe définitivement en 1848 et, après avoir vécu à l'hôtel pour sauver les apparences, saute le pas et, bravant le qu'en-dira-t-on, s'installe chez la princesse zu Sayn-Wittgenstein qui a loué, à un quart d'heure de marche, une lourde bâtisse nommée l'Altenburg. Construite en 1811 à la périphérie de la ville, elle domine la cité du sommet d'une colline assez raide, qu'aucun visiteur ne gravit sans effort. Dotée de trois étages, sans élégance, elle compte plus de trente pièces. Deux ans plus tard, la grande-duchesse de Saxe-Weimar achète la propriété qu'elle met gracieusement à la disposition du couple.

SCOLARITÉ

Une première secousse survient en janvier 1850 lorsque les sœurs de Daniel, bravant l'interdit de leur père, s'avisent d'aller toquer à la porte de leur mère. Celle-ci est bouleversée de leur visite et, pendant quasiment deux mois, va renouer des liens avec elles en allant les voir à leur pensionnat. Elle ne cache pas son émotion dans son journal. Il est naturellement exclu qu'elle se rende chez Mme Liszt. Il arrive qu'elle rencontre Daniel lorsque celui-ci, à son tour, rend visite à ses sœurs. Mais, malgré le plaisir que le garçon avoue tirer de leurs rencontres, trop rares à son goût, les échanges entre la mère et le fils restent superficiels, la comtesse d'Agoult paraissant déroutée par le comportement fantaisiste et espiègle de son fils. Appréciant cependant sa précocité intellectuelle et l'état avancé de ses connaissances, elle lui offre quatre volumes de Plutarque, ce qui en dit long sur la maturité du garçon. L'historien moraliste latin est un auteur de prédilection pour la comtesse d'Agoult dont, au début de leur liaison, elle a conseillé à Franz Liszt la lecture.

Ayant fini par apprendre que ses filles ont entamé des relations suivies avec leur mère, et attisé par la haine que porte à celle-ci, sans l'avoir jamais rencontrée, la venimeuse princesse zu Sayn-Wittgenstein, Liszt entre dans une fureur noire. Il les somme de rompre immédiatement tout lien avec celle qui n'a jamais versé un sou pour leur éducation. Il est vrai que la comtesse d'Agoult, malgré les subsides de sa famille qui lui permettent de tenir un train de maison assez luxueux, n'a jamais songé à participer aux frais d'éducation de ses enfants. À sa défense, il convient de rappeler que, dans la mentalité de l'époque, il revient au père de prendre en charge ce budget et que tel a été l'accord autrefois conclu entre eux. Car, de nature, Marie n'est pas avare et porte volontiers assistance à des êtres impécunieux ou en quête d'un emploi quand on la sollicite. Et Liszt d'asséner une nouvelle fois à Cosima : « Vous portez mon nom ; vous me devez d'être ce que vous êtes : il vous convient de m'obéir exclusivement. » Et, pour être certain d'être exaucé, il s'empresse de retirer ses filles du pensionnat, dont il juge la directrice trop permissive, et les renvoie chez leur grand-mère. La princesse zu Sayn-Wittgenstein, enchantée de cette décision qui contribue à disloquer les relations de la mère avec ses enfants, lui suggère de recruter la gouvernante qu'elle a eue dans sa jeunesse pour prendre en charge la surveillance étroite et définitive des demoiselles. Liszt se réjouit de la suggestion. Dans une lettre à sa mère où il lui annonce sa décision, il énumère les titres de gloire de cette dame Patersi, née Thomas de Saint-Mars, en dressant la liste, comme il aime à le faire, des princesses, duchesses et comtesses qu'elle a éduquées. À la fin de l'année, âgée de soixante-dix ans, déplantée de Russie où elle comptait finir ses jours, cette sinistre vieille arrive à Paris après avoir été retardée quelque peu par une maladie. Inflexible et rigide, veuve, portant le deuil d'un fils disparu à vingt-deux ans dans de noirs vêtements fermés jusqu'au menton, elle va héberger Blandine et Cosima dans un appartement de la rue Casimir-Perier qu'on a retenu dans ce but avec mission de les chaperonner à tout instant. Les jeunes filles ont interdiction de sortir sans en être accompagnées. Pour mieux accomplir sa tâche, la duègne appelle à la rescousse sa cadette de sept ans, une vieille fille un peu plus cultivée et un peu moins aigrie, qui entretient quelques relations intéressantes à Paris dans les milieux littéraire et artistique. Pour comprendre l'extrême conservatisme de ces deux gardes-chiourmes, il suffit de dire qu'issues d'une petite noblesse provinciale, elles sont les filles d'un procureur fiscal ayant exercé aux confins de la Vendée avant la Révolution. Elles ont vu leur mère monter à la guillotine sous la Terreur et, adolescentes entassées à la prison du Bon Pasteur à Nantes avec plusieurs de leurs sœurs, nourries de maigres rations de riz à l'eau, elles faillirent, comme elles le dirent, « mourir de faim et de honte », c'est-à-dire probablement violées. Quant à leur père, engagé dans l'armée royaliste, il a péri dans un combat contre les républicains. Mme Patersi se consacre à sa mission avec un zèle minutieux et se révèle, comme attendu, une despote achevée. Un jour où, de plaisante humeur et de retour au foyer, Cosima trouve au salon les douairières en compagnie de sa grand-mère, elle les compare à « Minos, Éaque et Rhadamanthe, prêts à juger les malheureuses âmes, que leurs mauvaises chances envoient dans l'enfer ». Fort satisfait de ce gardiennage, Liszt, en février 1851, demande à sa mère de soumettre Daniel à cette loi. Voilà donc le jeune garçon placé sous la même férule que ses sœurs. Ordre lui est donné de passer désormais, autant que possible, ses soirées chez la gouvernante. En outre, à elle seule reviendra le choix des gens qu'il peut fréquenter et même, précise Liszt, de simplement rencontrer ! Pourquoi persiste-t-il à vouloir embastiller autant son fils, alors que celui-ci ne montre aucune tentation de rébellion ? S'il connaissait son caractère solaire, il constaterait combien il se fourvoie !

Après leurs rencontres épisodiques de février 1850, la comtesse d'Agoult devra à nouveau attendre presque cinq ans pour avoir la permission de revoir ses enfants.

LE LYCÉE

En cette même année 1850, à onze ans, Daniel qui possède déjà une orthographe quasiment parfaite effectue son entrée au lycée Bonaparte, installé depuis le début du siècle dans les anciens bâtiments d'un couvent, assorti d'un jardin bientôt promis à la disparition. Il y est accueilli comme un individu singulier car le bruit se répand qu'il est le fils d'un musicien illustre, que reçoivent toutes les têtes couronnées. L'établissement lui fait donc savoir qu'il inscrit son nom parmi la liste de ses élèves comme un honneur. C'est un premier contact pour Daniel avec la célébrité qui ne le lâchera plus. Mais la sympathie qu'il attire fait vite retomber la curiosité. Après ses cours, le soir, il regagne sa chambre dans la pension de M. Harlez. Et les fins de semaine, il retourne avec empressement chez sa grand-mère pour laquelle son affection reste intense. Voulant la lui témoigner, il ne trouve rien de mieux que de lui offrir une composition en allemand pour son anniversaire afin de lui prouver ses progrès dans la langue qu'elle pratique spontanément.

Cette entrée de Daniel dans un établissement public, où il

se trouve pour la première fois en compagnie de nombreux garçons de son âge, n'a pu que l'ébranler, bien qu'il y eût été préparé. Sa mère apprend-elle cette inscription sans frémir ? Car, en pure aristocrate ne concevant que le recours à des précepteurs privés, elle considère, comme elle le dira plus tard à propos de son petit-fils, que « le danger du collège c'est, pour appeler les choses par leur nom, l'onanisme et la pédérastie ». Mais depuis qu'elle a renoncé à tout droit de regard sur son fils, elle l'a presque totalement perdu de vue. De fait, Daniel si docile, si prompt à faire plaisir et toujours facétieux, semble se rebeller dans un premier temps tout en goûtant à un léger vent de liberté qu'il n'a encore jamais connu. Il s'enhardit à faire le trublion pendant les cours, à lancer une pluie de boulettes en papier autour de la chaire du professeur, à parler et à manger dans la classe. Il se retrouve donc collé à plusieurs reprises. Sa grand-mère le tance et le somme d'avouer ses méfaits à son père. Mais, curieusement, dans sa lettre, en faisant l'énoncé détaillé de ses fautes, il semble prendre plaisir à s'accuser. Il est clair que Daniel veut se rappeler au souvenir de son père, fût-ce à son détriment. Comme attendu, Liszt s'en irrite et le lui fait savoir vertement. Apprenant les mauvais résultats obtenus au terme de la première année scolaire, il écrit à sa mère, Anna Liszt : « J'espère qu'il se tirera mieux des concours de l'année prochaine, et vous engage beaucoup à ne pas le gâter par trop d'indulgence. [Je] ne lui passerai ses étourderies qu'à la condition qu'il travaille ferme, et se prépare convenablement à porter son nom. » Toujours ce nom que Liszt craint tant de voir flétrir par ses enfants !

Si ses premiers résultats scolaires sont médiocres, si le pitre se joue de la discipline du lycée, Daniel ne se démarque pas moins déjà de ses camarades. Car la précocité du garçon surprend quand on découvre l'abondance et la teneur élevée de ses lectures. Elles n'ont rien de commun avec celles qu'on donne d'habitude aux enfants de son âge. Non seulement la quantité surprend, mais plus encore la diversité et les jugements libres et étayés qu'il porte sur les œuvres, sans se montrer intimidé par le magistère. C'est avec l'aplomb de la jeunesse que ce garçon de onze ans assure un jour à sa mère préférer Corneille à Racine. Il se demande pourquoi Plutarque, dans les *Vies des hommes illustres* qu'elle lui a offert, a omis de traiter d'Hannibal. Dans *La Jérusalem délivrée* du Tasse, il réprouve l'alliance du profane et du sacré, non seulement dans le tissu du poème, mais, ce qu'il trouve plus grave, dans l'expression des sentiments : « Tantôt on y adore Dieu, tantôt on vient le voir. Tantôt il est le tout-puissant, et tantôt un simple enchanteur. » Il n'apprécie guère que l'auteur mêle de la sensualité à une scène d'amour car « ce mélange n'est rien moins qu'harmonique ». Daniel, fidèle au catholicisme formaliste de son éducation, dont il exécute tous les rites à la lettre, ne se défera jamais d'une répugnance viscérale pour les plaisirs des sens, la gourmandise exceptée, jusqu'à la fin de sa vie. Mais, malgré les réserves qu'il porte sur le poème épique du Tasse, il n'en reproche pas moins à Boileau d'être injuste envers lui lorsque, dans l'une de ses célèbres satires, il en condamne le clinquant au profit de « tout l'or de Virgile ». Relisant, comme il l'écrit, *Don Quichotte* (à quel âge l'a-t-il donc lu pour la première fois ?), il constate avec finesse : « Pour être vraiment comique, il faut avoir du cœur. La source est la même dans Cervantès que dans Molière. Leur héros fait rire et sourire, rire des larmes, si l'expression est intellique [*sic*]. C'est là ce comique élevé et délicat. » La lecture de Bossuet suscite également ses observations mais, laissant entrevoir à son insu les élans mystiques qui l'agiteront plus tard, il se dit transporté par une métaphore du prélat, quand celui-ci compare l'âme humaine à « la lune qui ne reçoit de lumière que du soleil et qui marche dans l'ombre, partout où le soleil ne la regarde pas ». Tant de jugements vifs et originaux s'accumulent au fil des ans mais ils semblent naturels à ses parents qui ne le féliciteront guère au long de sa brillante scolarité. Par chance, il semble n'en avoir cure et avance tout droit sur sa route sans états d'âme, uniquement préoccupé de se montrer digne du nom qu'il porte, comme son père ne cesse de le marteler, et comme sa grand-mère le radote en écho. Sous l'influence de M. Harlez, il est devenu féru d'histoire et de littérature antiques. Dès avant son entrée au collège, il a ainsi adressé une dissertation sur Alexandre le Grand à son père que celui-ci lui a retournée assortie de corrections détaillées. Faut-il y voir une marque de bienveillance ou, au contraire, comme on a tendance à le penser, le besoin irrépressible de lui souligner ses insuffisances ? Une autre fois, Daniel rédige une composition où il compare l'enfer selon qu'il est vu par Virgile ou par Homère. Il conclut : « J'ai un certain faible pour Virgile, parce qu'il sent et pense d'une façon plus moderne qu'Homère. Je regrette seulement que son patriotisme l'ait entraîné à faire fi des arts, parce que les Romains n'étaient point artistes. J'aime les poètes un peu cosmopolites. » Ce « j'aime » impérieux ne témoigne-t-il pas d'une forte personnalité en herbe ?

L'année 1852 marque une amélioration de ses résultats scolaires car le potache a compris qu'il ne pouvait continuer sur la voie des pitreries. Mais il devine que se féliciter soi-même de ses résultats, pourtant prometteurs, ce serait irriter son père qui n'est jamais assez satisfait. Apprenant peut-être la diplomatie malgré lui, mais sans aliéner sa sincérité, il préfère continuer à battre sa coulpe en regrettant de n'avoir reçu qu'une nomination au grand concours général en version latine et, à son lycée, le premier prix d'histoire, le deuxième prix de version latine et des accessits en récitation, thèmes latin et grec, allemand. Toujours sur la voie de la contrition, il précise que son professeur principal et M. Harlez le trouvent trop rieur. Rieur à treize ans, un défaut ? Comment, au contraire, ne pas admirer un enfant qui manifeste un tel bonheur de vivre après les épreuves qu'il a subies ? Ainsi, tout au long de ses six années de lycée, Daniel va s'obstiner à vouloir forcer l'estime de son père en l'informant régulièrement des excellentes notes qu'il a reçues non sans les déclarer toujours trop médiocres à son gré. Il n'omet jamais de rappeler sa volonté de parvenir à être digne de porter le nom de Liszt, guitare qu'il a compris que son père aimait à entendre. Et, comme il le déclare naïvement, il œuvre avec assiduité à se délester de l'affectueux surnom de Dum-Dum dont on continue à l'affubler en famille et qu'il juge désormais péjoratif : « J'espère que lorsque vous reviendrez j'aurai fait assez d'efforts pour ne plus être appelé Dum-Dum. » De fait, sa nature complexe se révélant peu à peu, il récolte vite un autre sobriquet : Choca, c'est-à-dire la contraction de chocolat et de café, l'amer et le doux, ses sœurs, à l'origine du surnom, ayant noté les conflits intimes qui déchirent leur frère, tiraillé entre causticité et affabilité.

Voici l'extrait d'une lettre à son père, datée du 28 août 1852 – Daniel a treize ans : « Le professeur d'histoire du collège nous donne des rédactions à faire tous les huit jours, sur une partie de l'histoire grecque qu'il nous indique. Tout en nous aidant du livre pour les dates et les faits, nous devons faire un travail qui soit de nous. Quand nous sommes arrivés à un endroit du cours de l'année, le professeur nous prévient que nous devons repasser tout ce que nous avons appris jusque-là par la raison qu'un jour donné nous ferons une composition sur un sujet pris dans cette partie de l'histoire. Nous devons faire cette composition comme nos rédactions, seulement sans nous aider du livre. Nous avons deux heures pour la faire. Quand notre travail est fini, nous le remettons au professeur qui le juge, et qui classe toutes les copies par ordre de mérite… Depuis Pâques il y a eu trois compositions que j'ai toutes préparées en grande partie le dimanche chez Mme Patersi. Le sujet de la 1re était Pélopidas et le traité d'Antalcidas en parlant des événements qui l'ont amené, des suites et des conditions de ce traité. Le sujet de la 2e était Alexandre le Grand jusqu'à son expédition dans l'Inde. La dernière composition était décisive… Le sujet était la vie d'Agésilas et celles de Cassandre, Lysimaque, Selenius et Ptolémée… J'ai été premier à cette composition. » Qui jugerait ce résultat insuffisant ? Perspicace, il prend bien soin de préciser qu'il a préparé son devoir chez Mme Patersi.

DÉCOUVERTE DE SES PARENTS

1853 devient une grande année dans la vie de Daniel puisqu'il a l'extrême honneur de faire la connaissance de son père. Le musicien a reporté d'année en année sa visite à Paris. Il annonce pourtant froidement à ses filles au début d'avril 1853, en torpillant toute effusion intempestive : « Vers la fin de l'été, elle [*la mère de Liszt, qui séjourne à Weimar*] sera peut-être de retour à Paris, et, peut-être, ainsi que je l'ai écrit à Mme Patersi, vous reverrai-je aussi à ce moment. Mais n'y comptez pas trop et ne m'en parlez pas dans vos lettres, car d'abord j'entends que vous sachiez vous passer de moi pour vous bien conduire, ce qui est le point essentiel, et ensuite il se peut que vingt choses viennent à la traverse de mon désir et m'empêchent de le réaliser. » En fin de compte, le musicien s'annonce pour quelques jours. Il arrive peu avant le 10 octobre 1853 pour une visite d'une semaine avec sa compagne, la princesse zu Sayn-Wittgenstein, la fille de celle-ci, Marie, âgée de seize ans, promise de par sa dot importante à faire un grand mariage aristocratique, et Richard Wagner. La comtesse d'Agoult achevant alors un voyage dans le Midi, une rencontre est impossible, au grand soulagement de chacun. Dans la soirée, peut-être l'unique, qu'il passe chez sa mère avec ses enfants, Liszt évite de se confronter seul à eux en s'y faisant accompagner de Wagner et des deux princesses. Après le dîner, Wagner leur lit le dernier acte du *Crépuscule des dieux*. Il semble alors le seul à remarquer l'évidente ressemblance de Daniel avec son père et sa vivacité qui tranche sur la timidité de ses sœurs, pétrifiées devant l'apparition de ce père déifié. Wagner en est si frappé qu'il le mentionnera dans ses mémoires. À l'assistance se joint plus tard, de manière impromptue, Hector Berlioz. Satisfait d'avoir accordé quelques heures à ses enfants dans un cadre intime, Liszt s'adonne à son goût de l'éclat et se consacre à des activités plus ou moins frivoles : il invite néanmoins ses enfants, noyés parmi d'autres, à un dîner au Palais-Royal, puis à un second dîner avant de les emmener pour l'écouter jouer dans les salons de Pierre Érard. Et le critique dramatique Jules Janin d'écrire alors à son propos : « un bon, bruyant et tapageur garçon, très content de sa gloire ». Son ancienne amie George Sand abonde dans ce sens : « Liszt a été un grand cœur d'artiste. Je l'ai beaucoup aimé (pas dans le sens où quelques personnes l'ont supposé, je n'ai jamais pensé à cela). Il a bien changé depuis. Il est devenu charlatan de son génie. C'est grand dommage. » Impossible pour les jeunes gens, dans ce tourbillon de mondanités, de nouer la moindre relation intime avec leur père : embarrassé devant des enfants qu'il découvre, il préfère les éviter autant que possible. Avant de les quitter, il leur ordonne de considérer la princesse comme leur seconde mère. Les deux jeunes filles, jalouses de l'attention plus grande qu'il porte à la princesse Marie, sauront entrer dans la comédie, non sans hypocrisie. Daniel, droit et entier, s'y pliera beaucoup moins. Et son instinct ne le trompe pas : la princesse zu Sayn-Wittgenstein, qui entretient une haine absolue pour sa mère, s'est formée une opinion négative de lui : elle a été horrifiée de constater, selon ses dires, qu'il était efféminé. Elle se met donc en tête de le viriliser, et, pour le remettre dans le droit chemin, va bientôt débusquer un espion à sa dévotion pour tenter de le redresser à sa guise. La princesse Marie, plus poétique et séduite par cet adolescent lumineux, s'attendrit sur sa frêle silhouette. Sa débile anatomie ne serait-elle pas un premier signe de la santé fragile de Daniel ? Personne ne s'en inquiète.

Bien que décevante, la rencontre avec son père a-t-elle stimulé le jeune garçon ? Il le semble. En 1854, il reçoit le prix de Pâques, gratifié par trois livres latins, l'intégralité des œuvres de Pline le Jeune rassemblées en deux volumes et toutes celles de Salluste. En outre, le 10 août, il glane deux accessits au grand concours général en version grecque et en thème latin, et le lendemain, à son collège, six premiers prix : vers et thème latin, versions grecque et allemande, physique et géométrie. S'y ajoutent deux seconds prix, version latine et thème allemand, et, pour clore ce palmarès plutôt flamboyant et que beaucoup envieraient, quatre accessits : thème grec, récitation, histoire et narration. Il reçoit en récompense de nombreux livres, dont les œuvres de Germaine de Staël. Si elle l'apprend, ce prix ne peut que réjouir sa mère. N'a-t-elle pas longtemps songé à écrire un ouvrage sur cette grande figure des lettres qu'elle a prise pour modèle ? Gardant la tête froide, Daniel ne tire aucune fierté de ces lauriers et ce sont des camarades de classe, touchés par sa modestie et sa constante aménité, qui manifestent bruyamment leur contentement à sa place. Mais faut-il encore le dire ? Son père considère ce palmarès comme quasiment normal ; il s'oblige pourtant à marquer sa satisfaction en invitant son fils à venir passer ses vacances à Weimar. On n'en attendait pas moins.

Daniel se rend donc à Weimar avec grande excitation à la fin d'août 1854. Sitôt le seuil franchi, ne se sent-il pas écrasé en découvrant le musée qu'a érigé la princesse à la gloire de son père ? C'est le second sanctuaire qu'il découvre après celui que sa grand-mère a aménagé plus modestement dans son petit appartement parisien. Maints portraits, tableaux – dont un d'Ary Scheffer, *Les Rois mages*, où le compositeur a posé pour l'un des trois porteurs d'offrandes –, tabatières, cadeaux qu'il a reçus de nombreux souverains, instruments de musique envahissent les pièces. Aménagée luxueusement grâce aux deniers de la princesse, la demeure bénéficie du personnel ad hoc : un couple d'intendants, des valets, femmes de chambre et autres domestiques. Le cabinet bleu de Liszt, attenant à une petite chambre, se trouve au rez-de-chaussée. Dans le grand salon du premier étage, aux murs tapissés de bibliothèques, trônent deux pianos à queue dont un Érard. Depuis six ans, Liszt se démène à Weimar pour ouvrir les sentiers progressistes de la musique et va encore généreusement y œuvrer pendant quatre années afin de redonner à la ville ce lustre maximal qu'elle avait acquis au début du siècle puis lentement perdu. Il y crée, avec des moyens réduits, ses plus grandes œuvres orchestrales ainsi que maints opéras de ses confrères, et y invite de prestigieux solistes. Mais il va peu à peu s'épuiser face aux innombrables chicanes, affronts et jalousies que suscitent ses choix prémonitoires.

Daniel séjourne quasiment un mois à Weimar. Son arrivée a été retardée par des tracasseries administratives car, né en Italie d'un père hongrois, il n'est pas considéré comme français. Il lui a fallu entreprendre maintes démarches auprès des légations pour obtenir un passeport, ce qui, selon ses dires, l'a obligé à courir de porte en porte. La valse lente des dossiers, papiers et tampons, les allers et retours entre services que suscite le zèle d'une administration passive et inflexible sévissent déjà à cette époque.

Si le séjour à Weimar enrichit les connaissances musicales et littéraires de Daniel, notamment en lui permettant de s'enthousiasmer pour les pièces de Shakespeare qu'affiche le théâtre de la ville, le rapprochement tant souhaité avec un commandeur qui persiste à rester juché sur un piédestal demeure précaire. Il paraît même compromis un jour où s'engage entre eux une lourde discussion.

Que prend-il à Liszt, au cours d'une visite qu'il rend à un voisin, où Daniel l'accompagne, de mettre la conversation sur le misérable sort qui accable en général les fils de génies ? Faut-il préciser qu'il insinue appartenir à cette caste ? Et le grand homme d'énumérer devant son hôte et Daniel une liste de malheureux individus dont il commente les destins : celui-ci n'est pas devenu grand-chose, celui-là rien du tout. Et ainsi de suite. Veut-il ainsi stimuler son fils ? C'est tout l'effet contraire qu'il obtient. Daniel, tétanisé par ces paroles, perd tout sang-froid, plante là brutalement ses interlocuteurs et s'échappe de la maison en hâte. Liszt a-t-il pris conscience de sa maladresse ? Rien n'est moins sûr. Toujours est-il que, très sensible à l'esbroufe et aux breloques gratifiantes dont il n'est jamais repu, il commande à un sculpteur local, Adolf von Donndorf, une médaille représentant Daniel de profil. Ainsi agissent les souverains auprès des artistes qu'ils entendent remercier. Souvent aussi, au sein d'une cellule familiale, certains individus qui se sentent coupables mais se refusent à faire amende honorable, se soulagent de leur lâcheté par une profusion de cadeaux. Liszt, pourtant, n'a nul besoin d'acheter l'affection de son fils qui la lui témoigne aveuglément et qui, endurant, ne désespère pas de réussir à conquérir la sienne. Au moment du départ, toujours intraitable, obsédé par l'idée d'avoir un fils déshonorant, il lui commande un compte rendu détaillé du *Tannhäuser* de Wagner. Une manière d'estimer ses aptitudes intellectuelles en même temps que ses connaissances musicales. Probablement soulagé de ce départ, il le charge aussi de transmettre à ses sœurs, non sans un humour dont il fait rarement preuve, « une provision de narrations, descriptions, tableaux, définitions parallèles » sur Weimar, en ajoutant « deux instructions » qu'il exige qu'on suive mais dont on ignore la teneur. Il espère que tout ce « matériel » leur fera passer quelques heures agréables. Pendant ses semaines de vacances saxonnes, Daniel a eu le loisir de se lier avec la princesse Marie, qui l'a surnommé « Bouleau » par analogie avec son physique gracile ; Cosima, dans la même veine arboriforme, préfère le comparer à un peuplier du fait de sa haute taille longiligne. Les deux jeunes gens vont commencer une correspondance amicale et joyeuse dont une partie a été publiée et dans laquelle Daniel déploie son goût des facéties. Rentré à Paris, toujours docile, il s'empresse de s'atteler à la rédaction du pensum ordonné par son père et commande quelques exemplaires de la médaille qu'il entend distribuer à une poignée d'amis.

L'année 1854 ne s'achève pas sans une autre et importante surprise. Un jour de décembre, Daniel apprend, par le canal de ses sœurs, que sa mère l'invite à déjeuner pour le dimanche suivant. Car Blandine et Cosima ont reçu l'autorisation de la revoir, Liszt ayant admis qu'il ne pouvait maintenir son diktat et que ses enfants refoulaient douloureusement le désir de renouer avec leur mère. En préalable à leurs retrouvailles, il rédige un strict protocole. Pour que son ancienne compagne puisse revoir ses filles, il lui consigne en effet dans une lettre la manière dont elle devra procéder, avec le style sentencieux et ampoulé dont il est coutumier : « Les ménagements dus à Mme Patersi en considération des services qu'elle a rendus et rendra encore à mes enfants sont on ne peut plus aisés à concilier avec votre amour-propre maternel. Pour préciser nettement les choses, ces ménagements seront gardés par la première visite que Mme Patersi vous fera *seule* sur quelques lignes que vous lui écrirez pour l'informer de votre retour à Paris (ainsi que nous en sommes convenus) – après quoi, je pense que vous lui rendrez sa visite et verrez d'abord les enfants chez elle, avec elle. Dans le courant de vos nouvelles relations avec les enfants il serait assurément contraire aux convenances et aux bons procédés qu'il est à tous égards désirables [*sic*] de maintenir, que vous éloigniez systématiquement Mme Patersi de ces relations, car elle reste chargée de la responsabilité entière de ces enfants jusqu'à leur mariage. » Il ajoute : « la bienséance exigeant et moi tenant à ce que mes filles ne sortent jamais en d'autre société que celle de Mme Patersi, *si ce n'est avec vous*, je dois vous prier de vouloir bien venir les chercher et les reconduire vous-même les jours que vous voudrez voir les filles seules chez vous et de ne confier ce soin à qui que ce soit. »

Daniel est à la fois heureux et effrayé par cette invitation. Car il garde un souvenir mitigé de ses dernières rencontres avec sa mère, presque cinq ans plus tôt, où celle-ci, bien que pleine de sollicitude, n'avait pas abandonné sa nature assez froide. Il en restait marqué. Il se demande si elle va le recevoir en mère ou en grande dame. Il se préoccupe de la vêture qu'il endossera, la voulant aussi élégante que possible. Et pour se donner de l'assurance, il demande à la bonne de lui préparer une partie des vêtements que son père a portés et laissés chez sa grand-mère. Plutôt qu'une armure à ses yeux, ils lui paraissent un talisman. Il avait déjà revêtu un habit de son père lors de son séjour à Weimar, qui lui avait parfaitement sis. Le jour venu, il part assez tôt et, arrivé bien en avance, se promène dans le quartier de l'Étoile où se niche la maison de sa mère. Tout au long de l'avenue Sainte-Marie, bordée d'acacias, où il doit se rendre, s'alignent des maisons individuelles, habitées par des bourgeois et quelques artistes, dont certaines peuvent prétendre à l'appellation d'hôtels particuliers. Dans ce vestige de campagne, se dresse à l'horizon l'Arc de Triomphe. Cet îlot disparate, dans un quartier difforme aux alentours malfamés, est appelé à bientôt disparaître. Ses habitants ne peuvent deviner qu'ils aiguiseront sans tarder l'appétit des promoteurs haussmanniens et subiront de brutales et iniques expropriations.

Sa mère habite un petit hôtel particulier, acquis un peu plus de trois ans plus tôt auprès d'un peintre, qu'elle a baptisé la Maison rose à cause de la couleur des briques qui composent une partie de la façade. En la découvrant, Daniel tombe sous son charme. Construite au milieu du siècle dans le style Renaissance – Daniel aime à la voir comme un manoir antique –, elle est entourée de massifs de rosiers où s'attardent encore quelques fleurs épuisées. Après avoir sonné et été invité par le domestique à entrer, il franchit une grille flanquée sur chaque côté d'un pavillon en brique, abritant une loge de concierge et une remise, et entrelacée de lierres toujours verts et de vignes vierges déplumées dont les pattes griffues emmaillotent les murs. Un colossal terre-neuve nommé Parhasard, plus effrayant que dangereux, comme désabusé par l'abondance des visiteurs, mène une garde nonchalante. L'antichambre donne accès à un petit salon octogonal. Tentures et divan sont de velours cramoisi. Sur l'ébène et l'or mat des trois portes se détachent en médaillons les portraits de grands hommes de la Renaissance italienne. Ce petit salon s'ouvre sur un autre, plus grand, aménagé dans l'atelier du propriétaire précédent. Les peintures des portes et du plafond couleur de chêne sont rehaussées d'or. Il y a une cheminée sculptée, des tapisseries de Teniers, et, du plafond, pend un magnifique lustre en cristal de roche à reflets d'opale. La comtesse d'Agoult a placé là le buste en marbre que le sculpteur Bartolini a fait d'elle lors de son séjour à Florence en 1839. On y trouve aussi un médaillon en bronze de Liszt, accroché au-dessus d'une bibliothèque, et le portrait au crayon qu'en a fait le grand Ingres. Par une porte, on peut accéder à un jardin d'hiver, planté de mimosas, rhododendrons et gardénias, où s'épanche un jet d'eau limpide. Daniel n'a pas le temps de s'avancer pour y jeter un coup d'œil que sa mère entre aussitôt. Déconcerté par cette irruption soudaine et avec cette spontanéité qui le rend si attachant, il n'a qu'un réflexe : lui sauter au cou. Il est probable que sa mère, connue pour son extrême réserve, demeure pétrifiée et émue devant cette effusion. Tous deux restent ainsi enlacés quelques secondes sans mot dire afin de reprendre leurs esprits. Daniel remarquera, avec cette jovialité qui ne le quitte jamais, que leur silence a été plus éloquent que bien des discours qu'on fait à la Chambre des députés !

Alors qu'on va passer à table, il fait enfin la connaissance de sa demi-sœur, son aînée de neuf ans, née du mariage de sa mère avec le comte d'Agoult. Des gens mal intentionnés et friands de cancans lui en ont fait un portrait peu amène que ses sœurs ont en vain tenté d'infirmer. La malheureuse Claire, en mésintelligence avec son mari, un être léger et inconséquent qui a dilapidé sa dot, est venue se réfugier chez sa mère. Maman d'un petit garçon de trois ans, elle s'adonne à la peinture et tente une carrière de littérateur pour s'assurer quelques revenus. Quelle n'est pas la surprise de Daniel quand il découvre une jeune femme gaie, bienveillante et chaleureuse. Les événements éprouvants qu'elle a traversés n'ont pas altéré un caractère généreux. En effet, cette comtesse de Charnacé, déjà malheureuse en ménage, avait brutalement appris un jour après son mariage que sa mère, ayant fui son père, avait eu trois enfants avec le compositeur Franz Liszt pendant les cinq années où elle s'était absentée de Paris. Claire avait vécu tout ce temps dans un couvent où on s'était bien gardé de lui révéler l'écart de sa mère. Devant ce coup assez rude qui aurait désarçonné quiconque, elle avait fait bonne figure et, sans même prendre le temps de se remettre, elle avait tendu généreusement les bras à ses deux demi-sœurs comme si elle les avait connues de toujours.

Il n'en demeure pas moins que Daniel, sachant la gravité de sa mère, reste crispé tout au long du déjeuner de peur de laisser échapper une bêtise, et garde les yeux rivés sur son assiette. Mais le moment qu'il espérait vient enfin. Avec le tact dont elle est coutumière, Claire se retire en compagnie de son garçon. Elle s'est aménagée un atelier de peinture dans un petit hôtel particulier voisin, qui communique avec celui de sa mère par une porte du jardin et qu'on a baptisé la Maison grise. La comtesse entraîne son fils au premier étage dans sa chambre où les attendent deux fauteuils. Ce sont pour lui des minutes denses et émouvantes pendant lesquelles elle tente, autant que faire se peut, de rattraper un peu de temps perdu. Est-ce possible ?

Ne sont-ils pas devenus deux étrangers chez lesquels les liens du sang ont été fortement dissous ? Au dire de Daniel, ils se parlent cependant avec abandon. Elle le questionne abondamment sur ses études, ses camarades, les choses qu'il aime. Elle évoque son père sans amertume, avec la nostalgie du regret, s'interdisant d'accabler son fils des griefs qui l'oppressent toujours en son for intérieur. Ne lui arrive-t-il pas de rêver encore de lui avec une tendresse entière ? Daniel songe que son père, souffrant d'un orgueil meurtri, ne peut en dire autant, lui qui, excité par la jalousie de sa princesse, continue à accuser son ancienne compagne d'insensibilité et d'égocentrisme. Bouleversé, Daniel juge alors que l'indifférence de sa mère, dont on lui a parlé, n'est peut-être pas de son fait mais causée par les circonstances. Son espoir renaît de pouvoir un jour réconcilier ses parents. Espoir insensé que les événements vont vite détruire. Sa mère finit par le combler de bonheur en célébrant les grandes qualités de ses sœurs, leur tournure, leurs manières, s'efforçant même diplomatiquement de louer les bienfaits de la revêche Mme Patersi qui les tient sous cloche, entièrement aux ordres de la princesse à laquelle elle adresse des rapports d'espionne mesquine. Et, toujours prompt à s'abaisser, Daniel ajoute dans le compte rendu de cette visite à son père : « Quant à moi, j'ai tâché de vaincre le fonds [*sic*] de *rustrerie* qui m'est naturel, et je crois y avoir assez bien réussi. J'avais demandé le matin à être bien habillé pour faire le meilleur effet possible, et d'ailleurs, quand je porte quoi que ce soit qui vous a appartenu, il me semble qu'il se fait en moi toute une révolution. »

Jusqu'au début de l'été, Daniel s'électrise à l'approche des dimanches où il gagne la Maison rose. Peu après avoir renoué avec sa mère, il a reçu pour ses étrennes un nécessaire tandis qu'à chacune de ses sœurs est échue une bague. Il rassure son père en lui affirmant : « Nos rapports avec notre mère sont bien établis maintenant. Personne, ni grand-maman, ni Mme Patersi, ni nos autres amis n'est sacrifié. Et pourtant nous la voyons autant que nous pouvons le désirer. Tous les dimanches je vais régulièrement rue Sainte-Marie de midi à trois heures. »

La comtesse d'Agoult exulte. Elle déclare à sa vieille amie Hortense Allart au début de janvier 1855 : « Depuis que je vous ai écrit, un grand bonheur m'a été donné : j'ai revu mes enfants. Je les ai retrouvés tout à moi. Je n'oserais dire, même à vous, combien ils me paraissent beaux et fiers ; mais je puis bien vous confesser que l'amour est rentré par eux dans ma vie : l'amour idéalisé, transformé… Le bonheur habite ma maison. » Quasiment métamorphosée, elle calme momentanément ses ardeurs journalistiques et ne ménage pas ses forces pour entraîner ses enfants dans les hauts lieux de la capitale : le musée du Louvre, la Sainte-Chapelle, le jardin des Plantes. Au théâtre, elle les mène voir *L'Avare* et *Les Précieuses ridicules* pendant les jours gras de la mi-février, où Daniel, qui porte Molière aux nues, avoue n'avoir jamais autant ri. Les jours de pluie, Blandine et Cosima font de la musique. Ou bien leur mère sort un album de photographies et les initie à l'art de l'architecture, leur montrant les différences entre les cathédrales de Chartres et de Reims puis les comparant à l'ancienne église romano-byzantine de

Saint-Gilles à Arles dont elle possède un dessin. Ou bien encore, elle leur lit des œuvres classiques comme l'*Iliade* et l'*Odyssée* d'Homère, avec une prédilection pour les tragiques grecs comme le *Prométhée* d'Eschyle et l'*Œdipe roi* de Sophocle. Chaque instant est donc consacré à leur éducation littéraire et artistique, qu'ils suivent avec éblouissement. Elle ne manque pas non plus de les présenter avec fierté à ses invités. Certains sont déjà illustres. Il y a des étrangers émigrés comme le poète polonais Adam Mickiewicz, le magnat hongrois László Teleki et le Vénitien Daniele Manin, ce dernier président de l'éphémère république de Saint-Marc. Le sachant dans le besoin, accablé par la mort récente de sa fille à vingt-huit ans, elle lui a proposé d'initier ses enfants aux arcanes de la *Divine Comédie* de Dante. Parfois surviennent encore Ernest Renan, Jules Simon, Henri Martin, Émile Littré et de nombreux autres hommes de lettres, de science, du barreau dont les noms ne parlent plus guère au public d'aujourd'hui. Par une radieuse journée de juillet, ses sœurs et lui accompagnent leur mère et un vieux soupirant, qui lui est dévoué corps et âme, à Saint-Germain-en-Laye au chevet d'un ami très dévoué, le baron Hilaire Barchou de Penhoën. Un peu historien de la philosophie, un peu historien de l'histoire militaire, représentant parfait de la vieille France restée attachée aux Bourbons, cet homme pétri de courtoisie, serviteur inlassable de la comtesse, s'éteint doucement dans son lit. Le petit groupe profite de cette visite pour flâner sur la magnifique terrasse du château qui domine la vallée de la Seine. Là, comme l'écrit Cosima, leur naissent de belles pensées en des lieux si remplis de souvenirs poétiques.

Dans ses mémoires, la comtesse d'Agoult ne cache pas qu'elle a connu alors l'un des plus beaux moments de sa vie : « Qu'on se figure un tel lieu embelli, animé par toute une floraison de jeunesse ; qu'on y voie aller et venir, s'asseoir au piano, au chevalet ; qu'on y entende chanter, s'égayer en groupes charmants, une belle jeune femme avec son petit enfant, bras nus, jambes nues, roulant sur le tapis ou dormant sur les coussins de velours, deux jeunes filles blondes et blanches aux yeux d'azur, un adolescent, leur frère, au front rêveur sous ses lauriers scolaires ; un accord merveilleux enfin de grâce et de suavité, d'intelligence et d'amour, un printemps, un rêve de maternité... un rêve, hélas ! et l'on comprendra pourquoi, l'ayant eu, je ne me sentirai jamais ni le pouvoir de l'oublier, ni l'envie d'accuser le sort.

« Dans notre douce existence nous avions le goût et l'émulation du travail. La mère donnait l'exemple ; tous, jusqu'au petit enfant, suivaient.

« La gouvernante anglaise, quand aboyait le terre-neuve, le montrant du doigt, disait d'un air grave : "*Dog barking!*" "*Dog barking!*" balbutiait l'enfant avec gravité. C'était un premier pas vers le monologue d'Hamlet et les chants de Childe Harold. La jeune femme, d'un crayon qu'encourageaient Ingres et Flandrin, faisait nos portraits. Dès le matin, elle s'en allait au Louvre copier les maîtres. Elle expliquait les auteurs avec un lauréat de l'Université, M. Prévost-Paradol, académicien en espoir qui me servait alors de secrétaire. Ensemble les deux jeunes filles étudiaient Homère et Beethoven. Daniel Manin nous guidait dans *L'Enfer* et *Le Paradis* de Dante. Ni les sciences naturelles ni les mathématiques n'étaient négligées dans cette studieuse "Maison rose", sans rien de trop appliqué pourtant, ni de pédant, ni d'austère ; de nombreux amis nous aidaient. Notre cercle était à la fois sérieux et aimable. »

Le caractère joyeux de Daniel éclate dans une lettre à son père de février 1855, où il relate dans un compte rendu « drolatique », comme il le qualifie, ses deux premiers cours particuliers de danse, pris à l'instigation de la princesse zu Sayn-Wittgenstein qui voudrait le voir se lancer dans la société afin qu'il se détache – son obsession – de l'emprise familiale. Il se rend chez le renommé Henri Cellarius, rue Vivienne, qui popularisa à Paris la valse, la polka et la mazurka et qui organisait des bals : « C'est un maître de danse accompli. Souplesse, grâce, agilité, que ne me donnera-t-il pas ? S'il continue et si je continue, il est fort à craindre que l'ours mal léché prétende presque à avoir forme humaine. Voyez les merveilleux effets de la callisthénie (science inventée par lui, et qui vise à l'union de la force et de la grâce), des entrechats, des battements et des pliés !!! Il m'a déjà appris les cinq positions de la danse, dont quatre ne sont pas usitées, et me seront par conséquent fort utiles, et j'en suis déjà au quadrille. Mes sœurs assistent à la leçon et il paraît que je suis fort drôle pendant que je fais des évolutions au son d'un violon enrhumé. Veuillez remercier mille fois la princesse. Car, sérieusement ces leçons, loin de m'ennuyer, sont plutôt une récréation utile pour moi. » Ses sœurs se tordent donc de rire devant ces évolutions où Daniel s'éclate, comme on dit aujourd'hui, à faire le pitre. Il entreprend, non sans peine, des quadrilles endiablés avec elles et maîtrise bientôt les pas de la polka.

Mais l'aurait-il désiré qu'il ne peut faire rapidement étalage de son adresse. Au banquet de la Saint-Charlemagne, cette fête des établissements scolaires organisée en l'honneur de l'empereur qui passe alors pour le fondateur des écoles et où les débordements sont légion, il n'y parvient pas malgré une ambiance surchauffée : « Je n'ai pas encore eu occasion de déployer mes talents dans cette partie, surtout à la S[ain]t-Charlemagne. Là je suis redevenu moi-même. Il faut d'abord vous dire que le banquet de la S[ain]t-Charlemagne est plutôt une orgie, et qu'on y passe le temps à crier, à casser des assiettes, à manger plus ou moins proprement, et à faire entendre des : *hu! noch einmal hu!* [*hurrah, encore une fois, hurrah*] comme à l'Erholungsgesellschaft [*société de loisirs à Weimar*]. Mais chez nous il s'agit de tout autre chose que de toast. Car le vin n'est pas classique et pourrait bouleverser nos jeunes têtes. Pour joindre les plaisirs intellectuels aux plaisirs de la bouche, un élève a récité des vers contre le tabac. Ces vers ont été applaudis par un grand bruit de mâchoires, mais n'ont pas fait beaucoup de prosélytes. Il n'a en effet donné que de pauvres raisons, entr'autres, que, fort heureusement les anciens ne connaissaient pas le tabac. Car Virgile n'aurait jamais écrit la descente d'Énée (des nez) aux enfers, qui n'aurait plus été possible. » Le voici qui se lance dans des calambours de collégien !

Après avoir reçu le prix de Pâques pour la seconde année consécutive, ainsi qu'un prix en chimie, les succès scolaires de Daniel se confirment à l'été 1855 : dix prix « avec des acclamations frénétiques », ainsi que l'annonce fièrement la comtesse d'Agoult à sa fille Claire. Dans un petit recueil consacré à l'histoire du lycée, qui paraît alors, son nom est cité parmi « les jeunes lycéens qui feront avant peu partie de notre grande famille d'anciens élèves, et qui ont remporté des succès scolastiques ».

Au sein du groupe de camarades qui l'entourent, son caractère fait l'unanimité : Daniel est toujours gai, toujours disponible, incapable d'émettre la moindre méchanceté sur quiconque. Son grand rire, pétri de bonté, est franc et facile. Sa haute taille, sa silhouette longiligne, ses longs cheveux blonds qu'il laisse flotter au vent ajoutent à son charme. La plupart de ces garçons vont réussir de brillantes études comme lui et ils les prolongeront par des carrières honorables, les plaçant tous parmi l'élite de leur temps. Édouard Guinand, dont le père a reçu à dîner Franz Liszt, deviendra un haut fonctionnaire au ministère de la Marine ; poète, il écrira même plusieurs textes qui seront mis en musique. Georges Guéroult, le fils d'Adolphe Guéroult, actif saint-simonien lié à la comtesse d'Agoult, reprendra la direction de *L'Opinion nationale* que son père a fondée et signera des livres sur des sujets variés. Le futur géologue Albert de Lapparent rejoindra l'Académie des sciences : sa petite taille fait un contraste comique avec la haute et filiforme stature de Daniel. Au fil des mois, c'est probablement Georges Coulon qui devient le plus proche ami de Daniel ; nommé préfet en 1870, il finira sa carrière comme vice-président du Conseil d'État en 1898 et la République lui organisera des funérailles nationales. Un autre, Edmond Mouillefarine, présidera la chambre des avoués près du tribunal civil de Paris. Il a laissé un volumineux journal où il qualifie Daniel de « cœur d'or », avec un seul défaut, ne peut-il s'empêcher de relever bourgeoisement, celui d'être un enfant illégitime. Dans ce journal, il relate une anecdote touchante sur le comportement de Daniel : leur ami commun, Georges Coulon, révèle un jour, d'un rire jaune, qu'il a soixante francs de dettes sur le dos en sous-entendant qu'il espère ainsi recevoir quelque aide de ses camarades. Silence total. Le lendemain, Daniel jette devant lui soixante et un francs, ce qui représente alors l'intégralité de son avoir. Mais, en retour, il demande à son ami de lui signer ce billet : « Je promets de donner à Liszt 2 francs par dimanche jusqu'à acquittement, de ne plus faire de folles dépenses et de lire le moins de cochonneries possibles. » Le garçon, ému, obtempère. D'une manière plus générale, bien que disposant d'un budget serré, Daniel se révèle assez indifférent à l'argent. Quand il fait des dettes, certes modérées, c'est toujours pour une bonne cause.

Mais ce bonheur familial, cette gaieté ne peuvent qu'attiser la jalousie de la princesse zu Sayn-Wittgenstein qui, dans sa lointaine Weimar, n'a qu'une obsession : séparer à tout jamais les enfants de leur mère qu'elle qualifie ouvertement de « vraie peste ». Dans sa ville, une partie de la haute société, embarrassée par son concubinage avec Liszt, l'a mise à l'index et n'entend pas la recevoir. Se morfondant dans son Altenburg, épistolière intarissable, elle cherche les histoires, se met à ergoter dans ses lettres sur le paiement des fiacres qui conduisent et reconduisent Blandine et Cosima, voulant avoir la certitude que c'est bien la comtesse d'Agoult qui règle ce genre de frais. N'obtenant pas de réponse dans un premier temps, elle revient à la charge comme s'il s'agissait d'une question cruciale. Cosima se dévoue pour l'assurer que c'est bien leur mère qui prend à sa charge leurs déplacements. Croyant les relations apaisées, la comtesse d'Agoult, dans un esprit de conciliation, écrit à Franz Liszt au début du mois de mai pour lui proposer de venir à Paris afin qu'ils s'accordent sur l'avenir de leurs enfants. Cette préoccupation ne la quitte jamais. « Je suis effrayée de mon peu de fortune, il en faudrait tant pour ces trois enfants », notait-elle déjà dans son agenda le 3 février 1850. Toujours aussi rude, Liszt décline son offre, se disant pleinement occupé. Il lui suggère sans galanterie de se déplacer elle-même à Weimar si elle souhaite le rencontrer. Leur échange en reste là.

Après avoir convaincu autrefois Liszt de leur flanquer un chien de garde en la personne de Mme Patersi, la princesse ourdit un nouveau plan : elle voudrait persuader son compagnon d'inviter les enfants à Weimar pour un long séjour. Mais, sous cette apparence généreuse, ses visées sont perfides. Car, dans l'intervalle, elle se rend à Berlin pour négocier avec la mère d'un élève de Liszt, Hans von Bülow, l'installation définitive de Blandine et de Cosima dans la capitale prussienne afin qu'elles ne retournent jamais à Paris. Il lui faut convaincre Liszt, qui écrit au mois d'avril 1855 à sa tendre amie Agnès Ṣtreet-Klindworth : « Ces fillettes font si peu partie intégrante de ma vie actuelle, telle qu'elle se dessine de plus en plus fixement, que je ne sais trop qu'en faire, et qu'il me semble plus simple que nous nous aimions à distance. » Néanmoins, la princesse finit par avoir gain de cause et tous deux choisissent, comme deux comploteurs de bas étage, de ne dévoiler leur plan que lorsque les demoiselles seront arrivées. Quand les enfants reçoivent l'invitation de se rendre à Weimar, la comtesse d'Agoult n'est plus à Paris : elle séjourne aux Pays-Bas, où elle est allée travailler aux archives pour le livre qu'elle projette d'écrire sur la république de Hollande au début du XVIIe siècle, et prendre en même temps des bains de mer à Ostende. Apprenant leur départ et se doutant d'un piège avec le flair dont elle fait souvent preuve à juste raison, elle expédie aussitôt plusieurs lettres véhémentes à ses filles afin qu'elles refusent d'aller manger « le pain d'une étrangère ». Elle, si contenue dans ses écrits publics, si attentive à écouter les parties adverses dans tout conflit avant de porter un jugement, se livre, quand il s'agit de ses enfants, à une outrance qui dessert sa cause. Emportée par son indignation, elle lâche ainsi sous sa plume des expressions qui relèvent d'un mauvais mélodrame : « J'aimerais mieux vous voir travailler pour vivre, mendier, que ce dernier des affronts. » C'est ce même excès dans le verbe qui, jadis, outrepassant sa pensée, a provoqué sa rupture avec George Sand. La mort dans l'âme, conduites avec leur frère par Mme von Bülow venue les chercher, les demoiselles quittent Paris en août 1855. Elles envoient à leur mère, depuis les salles d'attente des gares, des lettres imprégnées de tristesse. Celle-ci leur adresse par voie télégraphique, cachés dans un bouquet, des fonds nécessaires à leur retour. En vain. C'est leur père seul qui accueille le trio car la princesse, dans un accès de lâcheté, s'est rendue à Paris au motif de visiter l'Exposition universelle. En revoyant ses filles, Liszt est agréablement surpris par le développement de leur personnalité ; il concède qu'elles sont intelligentes et vives mais ne peut s'empêcher de s'agacer en les trouvant « renifleuses ». Elles ont, en outre, un travers impardonnable : elles ressemblent trop à leur mère ! Et autre tort : elles accaparent les deux tiers de son temps ! Il a donc hâte de s'en débarrasser et leur annonce leur exil à Berlin chez Mme von Bülow. Pleurs et récriminations le laissent inflexible. Leur départ lui fait pousser un soupir de soulagement. Infidèle à sa princesse depuis quelque temps mais assez prudent pour ne plus avoir d'enfant, il entretient une discrète liaison avec Agnès Street-Klindworth, une jeune femme de trente ans auprès de laquelle il s'épanche. Il lui avoue que ses filles sont devenues « une branche détachée de son existence » et que jamais il ne s'accommodera « de la gamelle d'affection » dont elles l'accablent. L'expression est éloquente. De Daniel, aucun mot puisque son proche avenir est tracé : il devra retourner à Paris pour achever ses études par l'obtention du baccalauréat. Les jeunes filles désormais assignées à résidence à Berlin et ne pouvant plus gêner leur père, la princesse Carolyne a toute aise pour crier victoire en regagnant Weimar. Quant à leur mère, habituée à faire bon cœur contre mauvaise fortune, elle se convainc en avançant des arguments rationnels : « Berlin est un grand centre où elles se développeront intellectuellement d'une manière plus complète même qu'à Paris ; Cosima surtout dont le talent pourra arriver à toute sa perfection. Si les beaux yeux de Blandine ont chance de trouver un beau, bon et riche prétendant, c'est là. Le prestige de son père y est plus grand qu'ailleurs. Moi-même, j'y suis plus appréciée qu'à Paris et l'on y est accoutumé à épouser les filles sans dot. » Une page serait tournée si l'affaire ne connaissait un rebondissement sordide.

En effet, les lettres de protestation que la comtesse d'Agoult a adressées à ses filles depuis la Hollande ont été laissées dans l'appartement parisien, Blandine et Cosima n'ayant pas songé qu'elles n'y remettraient pas les pieds. Sitôt qu'elles sont parties, la bienveillante Mme Patersi n'a aucun scrupule à aller fouiner dans leurs affaires. Elle y découvre les missives. Elle les ouvre, les lit et, au vu de leur contenu, estime qu'il est de son devoir de les expédier à la princesse zu Sayn-Wittgenstein. À leur réception, celle-ci ne peut qu'exulter. Mue probablement par un grand élan de ce qu'elle considère comme de la loyauté, elle s'empresse d'en faire des copies pour les envoyer à Liszt. Elles lui parviennent alors que les jeunes filles sont déjà rendues à Berlin. Est-il scandalisé par le procédé comme le serait tout un chacun ? Pas du tout. Le pieux Liszt, toujours en proie à la rancune, ne se maîtrise pas et ne songe point à déjuger la moucharde. Il lui marque même sa gratitude et, comble de pharisaïsme, il ose assurer à ses filles révoltées que leur gouvernante a commis un « acte de conscience et de moralité » ! Saisi de fureur, il va jusqu'à leur envoyer l'une des lettres, annotée en marge de commentaires acerbes et mesquins où il accable son ancienne compagne. On clabaude ici dans l'abject. À juste titre, le probe Daniel resté sur les lieux se montre indigné par cette intervention. Il affronte son père pour la première fois de sa vie en qualifiant ouvertement de « dégoûtant » le procédé de Mme Patersi. Cette action relève, dit-il, de l'espionnage pur et simple, et du procédé de police. Liszt, fidèle à son habitude, se claquemure dans ses vertueux habits de père outragé et refuse de s'étendre.

La tempête passée, Daniel achève ses grandes vacances estivales à Weimar. Se rendant invisible, il passe l'essentiel de ses journées dans la chambre paternelle, lisant *Le Rhin* de Victor Hugo et les *Pensées* de Pascal, pendant que le compositeur travaille en face de lui. « Il arrive souvent qu'en deux heures de temps nous n'échangions pas quatre mots », écrit Liszt à Cosima avec satisfaction. Il observe malgré tout son fils en catimini et révise le jugement sévère qu'il a jusqu'alors porté sur lui. Dans une lettre à sa jeune maîtresse Agnès, il reconnaît sur un ton impersonnel, comme l'emploierait un savant disséquant un animal, qu'il est devenu un garçon prometteur, rusé et non dépourvu de finesse d'esprit. Il conjecture qu'il gardera un équilibre harmonieux dans le développement de capacités qui, concède-t-il enfin, ne sont pas si courantes. Il lui reconnaît une « nature droite, loyale et bien douée », comme il l'écrit à Cosima. Mais aucune trace du moindre attendrissement, juste un constat exprimé froidement. Dévoile-t-il ouvertement à son fils le fond de ses pensées bienveillantes ? On peut en douter. Lorsqu'il lui adressera les vœux rituels de nouvelle année, Daniel les clora par ces mots : « Je vous souhaite donc un fils qui se laisse écraser le moins possible par le nom de son père. »

Le jeune homme s'en retourne à Paris pour accomplir son année de rhétorique, la dernière avant l'obtention du baccalauréat. Se consacrant avec ténacité à ses études, il se sent saisi de temps en temps par des accès de tristesse et rêve d'aller retrouver ses tendres sœurs à Berlin pour les vacances de Pâques. Dans ce but, il réclame à son père quelques subsides en guise d'étrennes : « Je fais en ce moment des économies ; je deviens plus rat que le rat des champs. Mais je n'atteindrai jamais la somme entière. Seriez-vous assez bon pour combler le déficit, le moment venu ? Je me propose un voyage expéditif, sans bagages, avec une simple petite valise que j'emporterais avec moi. Cette pensée me sourit. » En ajoutant son intention de ne porter qu'une petite valise, Daniel révèle inconsciemment son désir de ne gêner personne, de passer aussi discrètement que possible, telle une ombre. Il a compris que c'est ce qu'on attend de lui. Voit-il alors souvent sa mère à ses heures de loisir ? On l'ignore. Tandis qu'un certain nombre de ses agendas et journaux intimes ont été conservés, celui de 1855 a disparu.

Si la princesse zu Sayn-Wittgenstein croit, à tort, avoir réussi le début de son plan – arracher pour toujours les filles à leur mère –, elle n'en a pas fini avec Daniel dont le tempérament lui déplaît parce qu'il lui échappe. Elle l'a beaucoup observé pendant les vacances et a jugé son équilibre altéré. Après sa mort, elle écrira dans un panégyrique hypocrite : « Sa bienveillance autrefois si générale, se restreignit, et s'allia à de certaines antipathies, comme à un besoin d'amitiés héroïques, d'effusions pleines de larmes. » Pour l'heure, cet attendrissement et ces effusions l'indisposent tant ils manquent de virilité. Elle se persuade en outre que son humeur s'assombrit. Elle entend rectifier tout ça, son esprit étriqué étant inapte à comprendre qu'en réalité, l'adolescent est en pleine maturation, à moins que la maladie ne creuse un premier sillon et ne le fragilise. Le hasard vole au secours de la fée chafouine pour mettre en œuvre son dessein de redressement. Un de ses lointains cousins, qu'elle appelle son neveu, le comte Mieczyslaw Kamieński, qui a grandi et étudié à Paris, vient de se réinstaller dans la capitale après une vie mouvementée et sans ossature : il a été marin sur un navire de commerce, secrétaire d'état-major dans l'armée française en Crimée où il est tombé gravement malade. Oisif, il se cherche un destin. Il a séjourné à Weimar en août 1855 au moment où s'y trouvaient les enfants Liszt dont il a pu ainsi faire la connaissance. Ayant déniché son factotum, la princesse va le manipuler à distance pour influer sur la vie quotidienne de Daniel qui a six ans de moins. Elle s'attelle à lui communiquer sa haine pour la comtesse d'Agoult qu'il ne connaît pourtant pas, et y réussit habilement. Jugeant que les lettres de Daniel ont un ton forcé qui lui déplaît, elle prie ce « neveu » de s'employer à le détacher de sa mère, de « l'atmosphère tiède, parfumée et énervante de l'avenue Sainte-Marie ». En outre, elle aimerait bien désagréger la fratrie qu'elle trouve malsaine. Kamieński va tenter de s'acquitter de sa tâche et se couler dans l'emploi factice de grand frère bienveillant. Il se sent toutefois un peu embarrassé par ce rôle d'espion dont Daniel n'est pas tout à fait dupe. Mais, accommodant, le jeune garçon entre dans le jeu.

LA RÉBELLION

C'est le 3 janvier 1856 que le garçon, après mûre réflexion, prend son courage pour signifier à son père : « Cette princesse dont la belle nature m'attire vers elle *n'aime pas ma mère.* Et ce sentiment n'a pas été un sentiment inactif. Des faits sur lesquels le respect me défend de revenir, mais que ma conscience me défend aussi d'oublier me le prouvent. Je ne dis point ce mot en l'air. J'ai marqué ces faits, et toutes les manières de les retourner, sur mon carnet. J'ai passé des heures entières à me faire violence, à discuter, argumenter de toutes les manières possibles et je ne parle ici qu'après de longues et pénibles réflexions... Puis-je vivre encore dans l'intimité d'une personne qui a fait du mal à ma mère?... Je sens maintenant ce que je dois à ma mère. » C'est la première fois que Daniel ose affronter la statue du commandeur. On imagine les tourments qu'il a dû traverser après avoir jeté la lettre à la poste.

Au reçu de la missive, branle-bas de combat à Weimar. Blandine et Cosima qui viennent d'arriver de Berlin pour une petite visite sont effrayées par la tempête qu'elle provoque.

Elles se récrient et se démarquent lâchement de leur frère auquel elles s'empressent de conseiller de se repentir. La comtesse d'Agoult elle-même, ayant eu connaissance du brouillon, désavoue auprès de ses filles cette lettre dont elle mesure les conséquences sur l'avenir de son fils. Mais elle se trompe. En l'occurrence, contrairement à son habitude, Liszt, peut-être enfin atteint d'une pointe de culpabilité, ne cherche pas à envenimer le conflit. Il répond à son fils sur un ton conciliant puisque Daniel lui écrit après voir lu sa lettre : « J'y ai trouvé le contraire de ce que j'attendais, un ton triste et paternel, qui m'a fendu le cœur. Je comptais sur des reproches et je n'ai trouvé que des paroles d'affection [...] Le sentiment qui m'a dicté cette dernière lettre était bon, et je ne m'en repens point; mais j'y ai mis de l'exagération. » Voici le garçon complétement désarçonné. Un mois plus tard, il récidive dans la contrition : « Laissez-moi seulement vous assurer une dernière fois que je n'ai pour la princesse que les meilleurs sentiments. » Il écrit aussi à celle-ci qui, heureuse de jouer les cœurs miséricordieux, feint hypocritement en retour de considérer l'incident comme un enfantillage. Elle prend la plume pour écrire à Daniel sur un ton plein d'onction. Mais sa blessure n'est pas près de se refermer.

Comme si le fait était non avenu, elle suggère à Daniel de demander à son père la permission de se rendre à Weimar pour les vacances de Pâques, ce qui serait considéré, pense-t-elle, comme une manière d'amende honorable. Mais ainsi qu'elle a dû l'espérer, Liszt, voulant garder la tête haute, refuse de l'accueillir. Il accède cependant à son souhait d'aller séjourner auprès de ses sœurs à Berlin, outrepassant l'avis de la princesse qui aspire toujours à briser le clan. Elle écrit au « neveu » Kamieński : « Pour ma part je souhaiterais que le petit Daniel prît par contre la décision de ne pas aller à Berlin. Il n'a vraiment que faire là-bas », tant, à ses yeux, « un frère trop longtemps attaché aux jupes de ses sœurs frise le ridicule ».

Un autre incident révèle la mue profonde que traverse Daniel jusqu'alors si prompt à complaire à son entourage. Comme pour aggraver son cas, il se fait punir au lycée, quelques jours après l'envoi de sa lettre incendiaire. À l'occasion du banquet donné par le lycée pour la Saint-Charlemagne, le 28 janvier, où il a été invité pour avoir été premier en version latine, il lit à haute voix une composition qu'il a rédigée, imaginant les réflexions rétrogrades d'un provincial sur l'exposition annuelle des beaux-arts. « Le sujet est rebattu mais les idées étaient assez originales », note son condisciple Edmond Mouillefarine. Il rentre à sa pension, enivré d'avoir lu des vers et reçu des applaudissements, mais aussi portant les stigmates d'un déjeuner bien arrosé. Blâmant son état, M. Harlez lui inflige quelques punitions écrites. « Cela n'a pas le sens commun », lui rétorque Daniel avec insolence. Leur échange se poursuit sur un ton acerbe où le condamné persiste à narguer son persécuteur. La punition est alors transformée en une retenue jusqu'à cinq heures. Comme le feraient bien des adolescents, le garçon se cabre : « Cela m'est égal. » Outré, le directeur allonge alors la peine jusqu'à sept heures. Daniel s'obstine et continue à jouer la complète indifférence. Il se retrouve finalement collé jusqu'au lendemain. Pour oublier ce châtiment qui ne l'affecte en rien, il s'empresse d'aller se noyer dans des flots de tabac turc. Alors qu'il aurait battu sa coulpe autrefois, le voilà qui fanfaronne avec une obstination qu'il n'a mise jusqu'ici que dans ses études. Liszt veut connaître la cause de la punition mais Daniel persiste à prendre l'incident à la légère.

Il est vrai que ses résultats scolaires ne laissent rien à désirer. Preuve de ses succès, le proviseur du lycée l'invite peu après à dîner avec quatre de ses camarades, en compagnie d'éminents professeurs. Et Daniel, intimidé par la soirée, de prendre assez de recul pour en rendre compte avec cet humour qui le protège et lui permet de ne pas se découvrir : « Nous étions assez drôles à voir dans ce salon. Semblables à cinq planètes, nous tournions autour des uns et des autres, ne connaissant que le proviseur et le censeur et un peu déroutés. » Cette observation désopilante révèle à son insu l'influence de sa mère dont il s'est imprégné à son insu, un trait de caractère qui va se développer au fil des ans. En effet, dotée d'un regard aigu sur la cocasserie de certaines situations et les travers des êtres humains, la comtesse d'Agoult pratique aisément autodérision et ironie mordante que beaucoup prennent à tort pour de l'aigreur. Sur ce point, Daniel est certes prompt à la moquerie mais il est dépourvu de toute méchanceté ; il ne va jamais aussi loin que sa mère. Et il se démarque vraiment de son père qui n'a guère le sens de l'humour et se veut constamment sérieux. « Défie-toi de l'ironie. Elle tue l'amour et la vérité. C'est une vilaine arme. Plaisanter n'est pas ironiser », déclare-t-il un jour à Blandine.

Alors qu'après son acte de contrition, il insiste pour se rendre à Weimar malgré le refus de son père, Mieczyslaw Kamieński, toujours missionné par la princesse, est chargé de l'en dissuader fermement. Un jour, il se montre si cassant qu'il parvient à arracher des larmes au pauvre garçon, ces larmes que la princesse a déjà remarquées et qu'elle trouve inadmissibles chez un homme digne de ce nom. Ce manque de virilité lui est insupportable. Désarçonné par l'hostilité de celui qu'il prend pour un ami, Daniel va s'en plaindre à sa mère. Et Mieczyslaw Kamieński, piqué de passer pour un individu méchant et peut-être honteux d'avoir poussé trop loin son zèle immodéré pour la princesse, retourne brusquement sa veste et se dévoue afin d'aider Daniel à obtenir un visa pour Berlin où il a reçu l'autorisation de se rendre. Cette fois vaincue, la princesse zu Sayn-Wittgenstein s'incline mais n'en refoule pas moins son aigreur. De manière incompréhensible, les démarches administratives pour obtenir ce passeport se révèlent encore plus compliquées que les fois précédentes. Les deux jeunes gens sont ballottés de bureau en bureau et se heurtent aux ergotages de la police. Il leur faut affronter « la routine, cette atroce routine qui ne sait que crétiniser les gens, et qui confie des intérêts généraux entre les mains d'êtres abrutis par un long travail de bureau », déplore celui que les enfants Liszt surnomment « le cousin ». Voyant qu'il ne parviendrait pas à obtenir le sésame dans les délais impartis, il finit par pousser Daniel à partir sans visa : « Au fond, il peut parfaitement s'en passer, ce n'est là qu'une de ces formalités bonnes tout au plus pour arrêter les nigauds, mais avec un peu de savoir-faire, ces difficultés se tournent aisément une fois que l'on est parvenu sur place », consigne-t-il à raison dans son journal.

Sitôt que Daniel est arrivé à Berlin, ses sœurs lui font grande fête et l'entraînent dans un tourbillon de réjouissances. Le trio complice d'autrefois se reconstitue dans la seconde. Elles le conduisent dans les musées, trois fois au théâtre et donnent en son honneur une grande soirée où on interprète *Un caprice* de Musset sans costumes et avec un décor réduit à son minimum. Cosima y joue l'un des personnages. La soirée se poursuit avec le grand chanteur Julius Stockhausen qui interprète deux lieder de Schumann et une romance du Toscan Luigi Gordigiani, alors très en vogue et considéré abusivement comme le Schubert italien. Les jeunes filles persuadent leur frère de passer par Weimar avant de s'en retourner à Paris et de forcer ainsi le veto paternel. Risquant le tout pour le tout, Daniel s'exécute.

En accueillant son fils, chargé des embrassements de ses sœurs et porteur de nombreuses commissions données par les amis de Berlin, Liszt, mis devant le fait accompli, ne cache pas son irritation et se montre inhospitalier dans un premier temps. C'est, écrit-il, « une surprise de celles dont on ne désire point la fréquence ». Il manifeste sa mauvaise humeur en proposant à Daniel d'aller « gîter » dans l'un des deux hôtels de la ville, recommandables par leur confort modeste. Pas question qu'il couche à l'Altenburg. Y a-t-il manière plus désobligeante pour un père d'accueillir son fils ? Mais le garçon ne se démonte pas et insiste pour, dit-il, « se loger à la maison », expression que goûte moyennement son père. Mais, à moins de sombrer dans l'indignité, celui-ci est obligé d'obtempérer sans pour autant succomber à une quelconque manifestation de tendresse. Daniel lui raconte naïvement les amusements du trio à Berlin mais, loin de s'associer à son enjouement comme il l'a espéré, Liszt, sur son quant-à-soi, réprouve de telles fadaises. Scrutant son fils, il déplore avec dédain chez lui « une si belle floraison d'idées vagues » sans pour autant l'aider à les affiner. De fait, il n'aime jamais autant ses enfants que lorsqu'ils sont loin de lui. Cependant, au moment du départ, il parvient à adresser à Daniel une parole d'encouragement en l'assurant qu'il est certain de le voir réussir ses études. Ces paroles n'engagent à rien mais Daniel n'aurait pu rêver propos plus galvanisant.

Quant à la princesse, apprendre que la fratrie s'est retrouvée en pleine fusion sentimentale a stimulé son aigreur. Que faire pour disloquer cette entente qui défie les distances ? Aussi la matrone qu'elle est devenue, replète, fumant de gros cigares, observe-t-elle d'un œil acerbe le jeune homme que son côté féminin révulse. Elle se plaît à constater que « l'énergie du libre arbitre et du vouloir sont [*sic*] beaucoup plus affaissés en lui qu'il y a deux ans ». Impitoyable, recroquevillée sur la haine qu'elle continue de vouer à sa mère à travers lui, elle le trouve flasque, mou, et plus ballotté que jamais. Il révèle un caractère vraiment trop impressionnable. Et, cuirassée dans les habits d'une marâtre qu'elle n'est pas officiellement, elle ne se gêne plus pour le prendre à part et le sermonner. À sa marionnette parisienne Kamieński, elle confie, comptant sur lui pour corriger le garçon : « Pour ma part je lui ai dit que les circonstances l'ayant fait grandir entre des femmes, il n'était pas étonnant qu'il fût efféminé mais qu'il était urgent pour lui de sortir de cette atmosphère, et de vivre davantage entre hommes en échappant à la constante influence des neuf femmes qui vieilles et jeunes avaient droit sur son cœur, et faisaient partie de son intérieur... Je lui ai recommandé non seulement le manège qu'il avait entièrement négligé depuis votre départ [...] mais en outre l'exercice du bâton, de la savate, le tir du pistolet et de l'arc en sus du Gymnase où il m'a avoué n'avoir voulu apprendre ni à lutter, ni à rien faire et n'avoir moissonné que des sobriquets. » Lourde mission pour un Kamieński qui, n'ayant aucune autorité sur son ami, devra manœuvrer habilement s'il veut complaire à la princesse.

Daniel est de retour à Paris au début du mois d'avril 1856. Pour prévenir sa mère de son arrivée, il lui écrit un billet dont le ton ne cesse de surprendre. C'est malheureusement le seul témoignage épistolaire qui subsiste de leurs relations. À sa lecture, on imagine la confusion qui a dû saisir Marie devant le ton facétieux du garçon qui n'est plus du tout impressionné par ses allures de grande dame, comme le demeure son entourage. Il brise la glace en la tutoyant. Or, comme tout un chacun, ses autres enfants n'ont jamais osé prendre cette liberté et la voussoyent. Seuls sa mère, son frère et son mari au début de leur mariage se sont jamais permis de la tutoyer, et Liszt, par intermittences aux temps brûlants de leur liaison. Madame la comtesse d'Agoult, née Flavigny comme elle signera certaines lettres au soir de sa vie, a proscrit toute familiarité dans ses relations, même avec ses amis les plus proches. Vingt ans plus tôt, l'écrivain Eugène Pelletan qui avait osé lui écrire dans un style « négligé et familier » mais qu'elle continua à recevoir dans son salon, avait été remis à sa place. Cependant, comme pour neutraliser tout risque de semonce, Daniel a l'audace de s'adresser à elle au masculin, comme elle-même d'ailleurs a l'habitude de s'adresser à sa fille Claire dans ses lettres. Le jeune Daniel fait là montre de psychologie car il sait que sa mère se bat pour l'égalité de sexes dans les matières intellectuelles. « J'ai atteint l'âge d'homme », dira-t-elle à la fin de sa vie en plaisantant.

Mon cher mimi,

Je me rappelle très-bien de la mine que tu m'as faite l'année dernière parce que j'étais allé chez Zack [sobriquet de Mme Patersi] *avant d'aller chez toi. Cette fois j'arriverai à Paris samedi à 5 heures du matin. Je serai donc à 6 heures et demie à l'avenue Ste-Marie. Ouvre-moi ta porte pour l'amour de Dieu. Car ma chandelle n'est pas morte et j'ai encore du feu.*

Est-il arrivé malheur au portrait de Claire ? Y a-t-il quelque autre raison pour qu'il n'arrive pas ? Cela m'inquiète beaucoup. S'il n'était pas parti encore j'aimerais mieux qu'il partît après mon arrivée à Paris ! Car j'ai très envie de le voir.

Adieu, mon cher mimi (j'ai fait une provision de réponses pour toutes les questions qui me seront adressées et j'espère être clair [*!*]).

Ton fils.

Déjà en octobre 1855, il y avait eu entre eux un échange épistolaire assez musclé dont on ignore malheureusement la teneur. On comprend pourquoi la comtesse déconcertée par ce fils hors norme s'est avisée d'écrire à un ami, quelques mois plus tôt : « Quant au garçon il continue ses études avec zèle et succès mais quel esprit et quel caractère ! il m'est aussi étranger que l'héritier présomptif du céleste Empire. » Leurs discussions intellectuelles semblent vives, et de haut vol. Les anecdotes sont le genre des vieillards, lui dit-elle un jour. Son raisonnement toujours implacable et clairvoyant, son immense connaissance des arts et des lettres, que reconnaissent tous ses contemporains, acculent probablement son fils, qui ne peut que se sentir écrasé, à la provoquer et à s'enferrer dans des palinodies. N'est-il pas à l'âge où l'on cherche à s'affirmer en prenant le contre-pied de ce qu'avance son interlocuteur ? Elle le comprend assez pour lui glisser un jour avec indulgence : « Les contradictions sont le charme de la jeunesse. » Cependant, elle prend la désolante habitude d'espacer les dimanches où elle le reçoit en tête à tête, quitte même, une fois, à écourter le déjeuner en avançant les aiguilles de la pendule pour qu'il se retire plus tôt. Elle est persuadée qu'il ne s'en est pas aperçu... Et c'est probablement exact, le bienveillant Daniel étant incapable de percevoir chez autrui un geste inamical. Mais, d'évidence, Marie est désarçonnée au point de déclarer à sa fille Claire, en mai 1856, qu'il « va devenir de plus en plus un sujet d'ennuis ».

Entraîné par Kamieński, qui a reçu pour mission de l'extraire de son cocon, Daniel se met à fréquenter de nouveaux lieux, comme l'atelier du peintre Ary Scheffer, un ami de son père, qui a fait le portrait de la princesse Marie. Il y rencontre inopinément Charles Dickens au français approximatif entremêlé de phrases anglaises, auquel il ne comprend goutte. Il rend visite à Hector Berlioz.

Et, toujours flexible, il s'efforce de se concilier les bonnes grâces de la princesse en s'adonnant activement au sport afin de se muscler et d'acquérir la virilité qu'elle lui souhaite. Autant Daniel étonne par la maturité de son jugement sur les œuvres littéraires, autant il surprend par l'application qu'il met à rendre compte de ses exploits physiques, avec une ingénuité d'adolescent. À dix-sept ans, comme on l'attendrait plutôt d'un gamin de douze, il se félicite d'avoir réussi à grimper sur un arbre du bois de Boulogne après vingt ou trente essais infructueux. Il se lance également dans le canotage sur la Seine et annonce fièrement qu'il a réussi à faire tout seul – il insiste – le tour de l'île Louis-Philippe, entre le pont d'Asnières et celui de Neuilly, en une heure et demie, étant parvenu à remonter la force du courant. Non content de soulever des haltères de plus en plus lourds au gymnase – il en donne avec précision les étalons –, il se surprend lui-même lorsqu'il est parvenu à atteindre le sommet d'un poteau haut comme un premier étage. Et, faisant allusion à son prochain séjour à Weimar, il conclut dans une lettre à la princesse Marie avec sa malice naturelle : « Vous sentez l'utilité de ceci, chère. Si l'escalier qui mène tout droit au premier étage m'était fermé, j'y remonterais par la force des bras quitte à me déchirer un peu les mains. » Profitant d'un congé pendant les jours gras, il s'exerce au tir au pistolet. Il se met enfin sérieusement au cheval, court le dimanche matin, et annonce modestement à son père : « Je crois être arrivé à n'être pas un trop exécrable cavalier. »

Assidu à lui rendre compte de ses résultats scolaires, il prend plaisir à lui annoncer : « Je m'aperçois tous les jours que faiblesse n'est pas impuissance, et que mollesse n'est pas lâcheté. Ainsi je suis parvenu à triompher de mon goût pour le sommeil, à me lever à l'heure, à ne dormir qu'au moment du coucher. » Et c'est en diplomate désormais averti qu'il prie son père de « dire pour moi mille choses affectueuses à la princesse et la remercier de l'intérêt si vif qu'elle a pris au développement de mon physique et de mon moral ». Ses paroles sont-elles sincères ? Comment pourrait-il deviner que ladite princesse, toute de fiel, écrit à Kamieński au même moment : « Je ne vous parle plus de Daniel. Il m'ennuie, et de toutes les duperies, la plus sotte est d'être plus royaliste que le Roi. » Car elle enrage de constater que le garçon continue à fréquenter la demeure de sa mère et ingurgite « la nauséabonde alimentation de cette fade et fausse douceur ».

Dans les lettres que Daniel adresse à Weimar, il prend garde désormais à ne jamais évoquer sa mère. De toute évidence, il a renoncé à ses rêves de réconciliation entre ses parents et aspire maintenant à la tranquillité. « Nous sommes là entre papa et mimi, recevant tous les coups de poing qu'ils se donnent mutuellement, et notre meilleure politique est de ne jamais parler à papa de mimi, à mimi de papa », écrit-il à sa sœur Cosima, quelques mois plus tard.

Surmené par tant d'activités, alors qu'il poursuit toujours intensément sa scolarité pendant ce premier semestre et s'initie même à l'italien, il avoue courir comme un dératé et ne s'être même pas rendu compte de l'arrivée de l'été. Outre ses cours, Daniel approfondit sa connaissance de l'allemand qu'il veut parler parfaitement pour complaire à son père qui l'a exigé. Il va une fois à l'Opéra-Comique, emmené par M. Harlez, il lit d'abondance. Sa sœur Blandine se souviendra qu'il griffonnait sans cesse, prenant des notes sur ses lectures et « jetant son âme sur le papier ». Si les *Pensées* de Pascal ne quittent pas son chevet, il se plonge dans les *Confessions* de saint Augustin, et se plaît à relever des points communs entre les deux philosophes. Mais saint Augustin frise parfois, à son avis, le mauvais goût lorsqu'il évoque sa vie d'avant, au milieu des plaisirs. Toujours mal à l'aise lorsqu'il s'agit de sensualité, il pointe un passage qu'il juge malvenu : « Les passions me tiraient par la robe de ma chair. » Mais Daniel n'en convient pas moins : « Il n'est rien au-dessus de lui lorsqu'il parle de l'amour, de l'affection maternelle, de l'amitié. Il est très riche en images qui frappent l'esprit. » Il relit aussi les *Pensées* de Marc Aurèle dont sa mère est une admiratrice, et s'étonne à juste titre d'y trouver des principes proches de ceux du christianisme ; il tient, remarque-t-il, quelquefois le même langage que Polyeucte. Attiré par les lectures philosophiques, il semble délaisser un peu la littérature. Quelques exceptions : la lecture de *Françoise* de George Sand, que le théâtre du Gymnase vient de créer, l'émeut néanmoins par la leçon qu'il en tire. L'être sentimental qu'il reste, malgré ses tentatives d'endurcissement souhaité par la princesse zu Sayn-Wittgenstein, l'emporte lorsqu'il déplore une des conclusions de la pièce : « Perdre l'estime et par conséquent l'affection des âmes élevées ! Et l'avoir perdue par sa faute, c'est un malheur, c'est un crime ! »

Le mois d'août 1856 sonne non seulement l'arrivée des grandes vacances mais aussi celle de ses deux sœurs à Paris. Blandine et Cosima ont, en effet, reçu de leur père l'autorisation de s'y rendre. La comtesse d'Agoult exulte de les revoir, et d'autant plus qu'ayant appris le projet de mariage de Cosima avec Hans von Bülow, elle compte s'y opposer car elle considère que sa fille est bien trop jeune pour s'engager dans de tels liens. Et, plus qu'une réelle inclination, elle suppute l'existence de pressions à Berlin. Peut-être aussi a-t-elle tiré la leçon du mariage de Claire à laquelle elle avait imposé une union désastreuse avec une personne que la future connaissait à peine. C'est que Cosima traverse des accès de neurasthénie et l'on peut craindre qu'en accordant sa main à Hans von Bülow qui la courtise, elle espère les fuir. La comtesse d'Agoult considère enfin à juste titre que, de ses trois enfants, elle est la plus artiste, donc la plus vulnérable. Ses talents au piano sont indéniables, reconnus même par son futur mari, mais Liszt lui a interdit de songer à la moindre carrière.

L'apothéose de cet été 1856 a lieu le 9 août. La veille déjà, Daniel a reçu trois prix du lycée. Mais le lendemain, il recueille ce prix d'honneur qu'il convoite depuis longtemps et dont il a passé l'épreuve le 1er du mois. Il était sorti mécontent de sa prestation mais espérait quand même obtenir un accessit. Par une chaleur écrasante, il se rend à la Sorbonne. Sa sœur Blandine, flanquée de l'inévitable Mme Patersi, prend place dans le public. Cosima est absente car elle passe quelques jours à Compiègne avec sa mère qui compte la dissuader de se marier. Pour ouvrir la cérémonie, le maréchal comte

Vaillant, chargé du ministère de l'Instruction publique par intérim, arrive sous un roulement de tambour, accompagné par le maréchal Pélissier. Un traditionnel, long et pompeux discours, interrompu souvent avec moult applaudissements, inaugure les festivités. À son terme, les deux frères d'armes se congratulent. Après que plusieurs prix ont été décernés par de vieux membres de l'Institut (prix d'honneur des sciences à un élève du lycée Charlemagne ; prix d'honneur de la classe de logique à un élève du lycée Napoléon), le maréchal Pélissier annonce d'une voix de stentor la remise du prix de discours latin, c'est-à-dire le grand prix d'honneur en classe de rhétorique de toutes les écoles de Paris, celui qui passe alors pour le plus prestigieux. Il appelle à la tribune « l'élève Liszt ». Conformément aux usages, celui-ci s'avance, embrasse le maréchal puis s'en retourne modestement à sa place. Mais sa surprise n'est pas finie ; on annonce que, comme les années précédentes, l'empereur fait don d'un prix extraordinaire à l'élève de rhétorique qui a remporté le premier prix de discours latin. Daniel est alors rappelé sur le podium au milieu des bravos. Il va recevoir en tout une cinquantaine de volumes dont trente qui comportent tout l'œuvre traduit de Cicéron dans une superbe reliure verte aux armes de l'empire. Lorsqu'on lui fait remarquer que l'ensemble paraît trop lourd pour être emporté par un seul homme, Daniel se récrie et soulève le paquet, « comme si c'était un duvet », précise Blandine qui s'empresse de relater la cérémonie à Cosima. Ses camarades l'assaillent de félicitations et de congratulations et lui rappellent les avantages de son prix : dispense de la conscription (mais Daniel, n'étant pas français, n'y est pas assujetti), entrée automatique à l'École normale. La cérémonie achevée, il retourne à sa pension où se présente une députation de la Garde nationale qui lui bat le tambour et l'ovationne. Cette glorieuse journée s'achève plus doucement en famille : dîner chez Claire, puis balade avec Blandine et un de ses soupirants à la plaine de Monceau. L'endroit n'est pas encore loti et s'étale sous un superbe clair de lune jetant son halo fragile sur les calmes ombrages du parc. Blandine raconte : « la conversation allait bon train ; nous avons causé d'une foule de sujets, Victor Hugo entr'autres […] ; vers la fin de la promenade Daniel nous dit : "Voulez-vous aller à un champ de blé qui n'est pas loin de là ; le blé est si haut que j'y suis enfoncé quand j'y marche." "Oh oui cela sera charmant", disons-nous, et nous nous laissons mener ; il n'était pas très distant. Le blé était coupé malheureusement mais c'était charmant : la plaine est vaste, le ciel était étoilé, la lune caressait mollem[en]t quelques arbres et donnait une lumière toute particulière à l'arc de triomphe ; nous avons sauté par-dessus quelques gerbes de blé ; et enfin nous sommes revenus par le chemin de fer d'Auteuil à Paris ; il était 9 h ½ quand nous sommes rentrés. » Daniel n'oublie pas d'écrire aussitôt la nouvelle à sa mère qui se montre profondément touchée et qui l'annonce fièrement à ses amis : « Mon fils naturel, qui a seize ans, vient de remporter le premier prix d'honneur. Ce qui est une grosse affaire, dans ce pays-ci ; il paraît qu'il a fait parler, en très beau latin, le légat du pape s'adressant à Charlemagne ! » Quelque temps plus tard, Daniel est invité par le ministre de la Guerre.

La comtesse d'Agoult n'étant pas parvenue à convaincre Cosima de ne pas se marier, celle-ci regagne Berlin à la fin du mois de septembre. Blandine choisit de rester à Paris. Un bras de fer s'engage alors avec son père qui, toujours prompt à succomber à son goût pour de fausses convenances, l'enjoint de trouver un logement en dehors de celui de sa grand-mère au 1er janvier suivant. Pourquoi cette exigence ? C'est aussitôt compliquer le devenir de la jeune fille car la comtesse d'Agoult, logeant déjà Claire et son fils, ne peut l'accueillir. Chicanier, Liszt entame quelques mois de brouille avec sa fille désemparée et démunie, qui cherche en vain un logement garantissant l'honorabilité d'une jeune fille seule, tel que le conçoit son père avec si peu d'empathie.

La réception du prix ne signifie pas pour Daniel la fin de son cursus scolaire. Il lui faut attendre décembre pour décrocher le baccalauréat tant convoité. Il l'obtient le 2 décembre. Le soir, il fête l'événement avec des camarades du lycée, Henri Michel, qui deviendra avoué de première instance, et Edmond Mouillefarine ; tous trois s'en vont « faire chez des pâtissiers des débauches fabuleuses », rare exemple où Daniel se livre à un plaisir sensuel. Le voici libre. Il écrit aussitôt à son père, le lendemain 3 décembre : « Je suis bachelier depuis hier. Dois-je venir à Weimar ou attendre votre arrivée à Paris ? » Il laisse quelques dettes en demandant à sa sœur de rassurer ses créanciers et se met en route. Il arrive à l'Altenburg à la fin de décembre, surprenant son père alité à la suite d'abcès aux jambes.

WEIMAR

Parti probablement avec un bagage réduit, il annonce dès le 2 janvier à Blandine qu'il va sans doute demeurer six mois à Weimar. Et, un peu plus tard, il envoie à sa sœur une liste des affaires dont il a besoin : ses chemises, chaussettes, bas, mouchoirs, un carton vert où sont serrées toutes ses lettres, un carton rouge que la princesse lui a donné, l'atlas géographique de Dufour, un brouillon de son prix d'honneur dont il ne se rappelle plus s'il l'a rangé dans l'atlas, dans un carton rouge ou dans son pupitre, un cahier d'extraits commençant par le *Faust*, orné d'un portrait de Schiller, donné par son père, une boîte verte venant de l'ébéniste Tahan. Il lui annonce en même temps qu'elle recevra cinquante-cinq francs par l'intermédiaire de son ami Coulon. Elle devra prélever sur cette somme vingt francs destinés pour moitié à rembourser sa mère d'une dette et, pour l'autre, à lui acheter un cadeau. Préoccupé par la réaction qu'elle aura, il demande à Blandine de ne remettre ce présent que lorsqu'elles se trouveront seules dans sa chambre. Le reste de la somme devra être consacré à régler une dette et à faire de menus cadeaux, dont un à sa grand-mère et un autre pour elle-même.

Il voudrait enfin recevoir l'exemplaire des *Esquisses morales* de sa mère. Blandine lui ayant demandé la permission de conserver cet exemplaire pour elle, il lui répond trois jours plus tard : « Quant aux *Esquisses morales*, malgré tout le désir que j'aurais de te faire plaisir, je ne puis te les donner. Car mimi me les a données très-gentiment et il y a un mot de lui dessus. Tu me ferais donc beaucoup de peine si tu les gardais. » Pour la consoler, il la prie de charger son ami Coulon de lui en acheter un exemplaire avec l'argent qu'il a envoyé. Son bagage arrivé quelques semaines plus tard, il entre en fureur de ne pas trouver dans le carton vert de son courrier les lettres de ses sœurs et celles de sa mère. « Tu n'as pas le droit de garder mes lettres malgré moi et je considérerai cela comme une violence que tu m'auras faite », écrit-il à Blandine. Ce sujet lui tenant à cœur, il revient à la charge quelques jours plus tard, Blandine restant muette à ce sujet : « Tu me vois très inquiet de mes lettres perdues. Ne me laisse pas ainsi comme un point dans l'air, dans le plus odieux des doutes. Et si tu ne sais rien sur cette affaire, ce que je ne pense pas puisque je crois avoir laissé mes lettres chez toi, écris-le-moi. » Pourquoi Blandine persiste-t-elle à ne point lui répondre ? On ignore si elle a fini par obtempérer.

Il n'est plus dupe de l'affection factice que lui a toujours témoignée Mme Patersi et il est bien heureux d'en être quitte avec elle. Il avoue à Blandine : « Mme Patersi a été, il paraît, littéralement consternée de mon départ. Elle m'écrit une lettre qui m'aurait presque inquiété, si je ne connaissais le faux bonhomme par cœur, et si je ne voyais là, loin de l'expression d'une tendresse naturelle, une tendresse assez préoccupée du soin de ne pas se compromettre. Je lui écris une lettre sentimentale comme du chocolat, de reconnaissance et de jour de l'an pour elle et tout son monde. Tu pourras lui en demander lecture. Il y a des passages qui te feront rire.»

En même temps qu'à Blandine, il écrit à sa mère pour lui annoncer la prolongation de son séjour. Mais il ne sait encore s'il fait bien et il mande à Blandine : «J'explique dans ma lettre à mimi, que ce n'est nullement par faiblesse mais par amour et par devoir pour papa. [...] Dis à mimi de me répondre aussi. J'en ai le plus grand besoin.» Ainsi Daniel réclame-t-il l'aide morale de sa mère. Mais la lui accorde-t-elle? L'annonce que son fils va rester en Allemagne, dans ce qu'elle appelle une «fosse aux crapauds», est un coup dur inattendu pour elle : «un nouveau chagrin vient de m'assaillir. Daniel va rester en Allemagne», écrit-elle laconiquement à l'un de ses amis intimes. Assez brutalement et de manière incompréhensible, l'interruption du courrier entre la mère et le fils devient alors définitive. Après une dernière lettre qu'elle lui adresse en avril, demeurée sans réponse, la comtesse d'Agoult n'en recevra de nouvelles que par le canal de Cosima. Daniel s'en explique sommairement à Blandine : «Laissons le temps agir et la puissante vérité se fera jour.» Quelle explication donner à ce brutal revirement? Évidente est l'influence de son père et de la princesse qui sont très vite parvenus à leurs fins : le détacher de ses relations parisiennes.

Ils réussissent si bien à le retourner que, non content d'avoir coupé les ponts avec sa mère, Daniel va bientôt comparer avec une ironie grinçante Daniel Stern à « Goethe, moins le génie ». Et, remodelant d'heureux souvenirs en les défigurant, il évoquera bientôt la Maison rose comme un lieu baignant dans une fausse atmosphère.

À Weimar, la méfiance de Daniel à l'égard de la princesse reste cependant, et à juste titre, en éveil. Se sent-il à ce point placé sous une surveillance quasiment policière ? Car, de crainte qu'on n'intercepte la lettre qu'il attend de sa mère, ayant retenu la leçon de Mme Patersi, il croit indispensable de préciser à Blandine : « Si elle craint de se compromettre, prie-la de me faire écrire par toi. » Afin que le subterfuge soit clair, il lui suggère d'inscrire « abracadabra » au-dessous de sa signature. Il comprendra ainsi que la lettre a, en fait, été dictée par sa mère. Il avoue toutefois, en persistant à l'appeler *mimi* et à la masculiniser : « Je préférerais que mimi m'écrivît lui-même, avec cette même précaution s'il la juge nécessaire. Seulement pour ne pas faire deviner le moyen, il emploierait un signe quelconque, une croix ou tout[e] autre astuce, pourvu que je puisse le reconnaître. » Reconnaissons que sa proposition manque de clarté : parle-t-il de la suscription de l'enveloppe, contenant une missive de sa mère, que Blandine rédigerait ? Quant aux lettres qu'il expédie, il s'interdit de les confier à un domestique comme il est d'usage à l'Altenburg, et s'oblige à les porter lui-même à la poste. Ainsi, bien que content d'être à Weimar, Daniel, autrefois si confiant en autrui, a appris la suspicion, même à l'endroit de ses familiers.

Se refusant à se montrer ingrat envers son père qui accepte de lui payer des études supérieures, il ne veut pas le traiter en simple financier et souhaite recueillir son avis sur la voie qu'il va choisir. Cela l'arrange un peu dans la mesure où, de ses multiples dons, il ne sait lequel exploiter pour en faire plus tard la source de ses revenus. Il lui serait odieux de déclarer, comme il l'écrit à Blondine le 2 janvier : « Papa, je ne vous compte pour rien dans ma vie. Votre avis m'est égal sur la carrière que je dois prendre (or il ne peut pas avoir d'avis sans m'avoir vu vivre avec lui), j'entre à mon école et je ne veux plus entendre parler de vous, si ce n'est pour le paiement de mon argent. »

Daniel passe quatre mois à Weimar où il renforce puissamment sa culture. De toute cette période, il ressort des lettres qu'il envoie à ses sœurs combien il est émotif, sensible, susceptible de pleurer assez facilement au théâtre ou au concert. Et c'est avec une totale naïveté, une confiance absolue qu'il leur exprime les sentiments qui le ballottent sans cesse dans les extrêmes, de la joie exubérante à la tristesse la plus sombre. Jamais il ne triche dans ses confidences, jamais il ne s'y met en valeur. L'humilité, la droiture, la spontanéité nourrissent chacun de ses jugements. Il semble ne s'abreuver que de littérature et de musique. A-t-il abandonné les exercices physiques alors que la princesse le surveille ? A-t-il des camarades de jeux pour s'évader quelquefois dans la campagne ? Il n'y en a nulle trace dans ses correspondances, toutes axées sur ses occupations intellectuelles, Daniel s'avouant très maladroit de ses mains. Liszt précise toutefois à sa mère : « Il lit, patine, va au spectacle, fait des études d'harmonie. » Tout au plus sait-on qu'il assiste une fois à un bal et s'y adonne furieusement à la danse, sans discontinuer, de huit heures du soir à une heure du matin.

Baigné dans l'ambiance musicale paternelle, il se met à étudier l'harmonie et le contre-point, et ne manque pas une occasion d'aller écouter son père diriger au théâtre de Weimar. À la fin du mois de février, il l'accompagne pendant quelques jours à Leipzig où il suit de près les répétitions du concert. Bien que malade, Liszt a accepté d'y jouer certaines de ses œuvres ainsi que celles de Wagner dans une ville qu'il lui sait hostile. De fait, son *Mazeppa* est sifflé. Mais, pour Daniel, c'est un éblouissement. Outre ses mélodies, rhapsodies hongroises et ledit *Mazeppa*, il découvre *Les Préludes*, le premier concerto pour piano. Mais, plus tard, ce sera le deuxième qui le frappera davantage car il assurera y capter des traits de son père, comme si celui-ci avait écrit son autobiographie en musique. Il y retrouve, dit-il, l'amant de sa mère. Et tout fier de ses nouvelles connaissances musicales, il jette maladroitement quelques barres de mesure dans ses lettres, assorties de commentaires simples et directs. Ses jugements s'affinent et peuvent être durs comme celui qu'il porte sur l'ouverture de Schumann, *Hermann et Dorothée*, qu'il trouve assez faible avec sa citation de *La Marseillaise*, et où quelques changements de rythme ne lui paraissent pas heureux. Quant au concerto pour violon du Belge Vieuxtemps, extraordinaire interprète mais piètre compositeur, bien oublié aujourd'hui, lui en voudra-t-on de le juger affreux ? « Il est d'un commun, d'un philistin inimaginable. [...] Une foule de fioritures, qu'on pourrait appeler des ordures abîment un thème qui est lui-même insupportable. »

Il assiste à des représentations d'*Armide* et d'*Orphée* de Gluck que sa mère, fervente admiratrice du compositeur, a dû louer devant lui.

Dans le salon même de l'Altenburg, des artistes de passage viennent animer une soirée.

Le théâtre aussi le passionne avec des représentations de *Faust*, de *La Mort de Wallenstein* et *Marie Stuart* de Schiller, de *Roméo et Juliette* de Shakespeare avec l'une des plus grandes comédiennes allemandes du moment. Traversé par des crises mystiques, il avoue que « la scène qui m'a fait le plus d'effet [dans *Wallenstein*] c'est celle où Max désespéré dit qu'il ne sait où est le bien, et supplie le ciel de lui envoyer un ange pour l'éclairer ». De la représentation de *Roméo et Juliette* aussi, il sort très secoué après avoir passé par toute la gamme des émotions : les pleurs, les frissons, les sourires. Et il émet des jugements péremptoires comme le font souvent les jeunes gens de son âge : puisque Shakespeare, comme on le dit, « croit à la fatalité, c'est qu'il croit à la grandeur de l'homme. S'il excelle à peindre la terreur, c'est qu'il connaît les riches couleurs du *Lebensteppich* (tapis de la vie). Il n'appartient qu'à Beethoven d'avoir de la sérénité, qu'à Shakespeare de peindre l'amour. »

La puissante *Missa solemnis* de Beethoven, avec ses changements de climat brutaux, l'émeut profondément : « Au diable les anciens avec leur calme. [...] Dussions-nous souffrir 100 fois plus, pour avoir une pareille musique, nous devrions nous estimer heureux. » Et, sa curiosité en éveil, il se met en quête de la meilleure biographie du compositeur tant il tient à connaître la vie privée des artistes, rejoignant ainsi l'opinion de Sainte-Beuve, ancien soupirant éconduit de sa mère, dont il a peut-être lu les critiques littéraires à Paris. « Car je crois qu'il y a une relation étroite entre celle-ci et leurs œuvres. Mais peut-être ne sais-tu pas bien ce que j'entends par leur vie privée. Par vie privée, je n'entends point, les plats qu'ils ont mangés, la femme qu'ils ont épousé[e] (si elle était une philistine), le nombre de mensonges qu'ils ont pu faire, etc., etc. J'entends ces mille et une particularités dont l'imagination et le cœur font tout l'intérêt. »

De ses lectures, nous savons que ses deux volumes de Molière restent toujours à proximité de main : « Ceci me fait jeter un petit coup d'œil sur mes deux volumes de Molière. Je ne sache pas de plus charmant et de plus profond auteur à la fois. Rire des larmes, je ne sais faire que cela quand je le lis. Avec lui on apprend à aimer les hommes. Et en même temps on s'amuse, on rit. Rien ne laisse une plus saine impression que sa lecture. Dans les plus grands moments d'ennui il n'y a qu'à l'ouvrir à une page quelconque et on en retire toujours une charmante et vraie émotion. »

Son père réussit parfaitement son plan : détacher doucement Daniel de la France, faire en sorte qu'il ne songe plus à retourner dans le cercle de sa mère. Incapable de tourner la page de ses amours passées, Liszt avec constance persiste à calomnier son ancienne amante dans ses lettres à ses filles. Poursuivrait-il ses piques mesquines s'il savait qu'il continue à en troubler les rêves, qu'il arrive à la comtesse d'Agoult de se réveiller en pleurs après qu'il lui est apparu quasiment comme un ange salvateur ? Daniel, encore malléable, ne pense donc plus à sa mère qui, malheureusement, ne cherche pas, de son côté, à renouer quelque lien avec lui. À Paris, ses anciens condisciples se plaignent de ne plus recevoir de ses nouvelles. Tout au long de l'année 1856, il s'était demandé s'il entrerait à l'École polytechnique, voire à l'École centrale, comme sa mère, semble-t-il, le souhaitait avec fierté. Et, en le voyant s'attarder à Weimar, sa sœur Blandine se charge de lui rappeler son intention. Mais il avoue avoir abandonné l'idée. « Il ne faut pas croire que l'école polyt[ech]nique soit dans tous les cas un mieux aller. Cela est brillant, lucratif, indépendant. Mais si je dois devenir un homme remarquable, je me soucie peu du brillant et du lucratif ; je me soucie même peu de la gloire. L'école polytechnique est une bonne et brillante chose. Mais est-ce forcément une belle chose ? Que de gens ont passé par là sans laisser d'autre trace qu'une chandelle romaine. Que d'autres n'y ont pas passé et n'en sont pas moins des hommes supérieurs ? » Quant à l'École centrale, il rappelle qu'on peut s'y présenter à tout âge.

Blandine reste la source de sa grande préoccupation car il souffre de ne la savoir pas heureuse à Paris où elle peine à trouver un logement qui convienne aux exigences de son père. Celui-ci reste intraitable sur le sujet et lui coupe momentanément les vivres. Daniel s'en désole et, si soumis pourtant, ose lui déclarer : « Et tu sais comme papa est insupportable ; on a beaucoup [*sic*] lui écrire des lettres affectueuses ; il se moque de vous tant que la question en litige n'est pas vidée. »

Outre le but de l'éloigner de sa mère, Liszt ne tient nullement à garder longtemps son fils chez lui, pas plus qu'il n'avait voulu garder ses filles. Il y est bien sûr encouragé par la princesse Carolyne. Indécis, Daniel consulte ses proches sur le choix d'une carrière, examinant tour à tour la science, le barreau, la vie militaire, et même les mathématiques où il révèle de vraies capacités. Mais, lorsque son interlocuteur le mène au bout de son raisonnement, il détourne la conversation et s'en va quérir un livre de théologie. C'est donc une aubaine quand un oncle de son père, son cadet de six ans, Édouard Liszt, installé à Vienne et devenu procureur impérial adjoint à la cour des Habsbourg, propose de l'y accueillir afin qu'il y entreprenne des études de droit. La fragilité de sa santé pourra-t-elle s'accommoder du rude climat de la ville ? La question ne semble pas effleurer Liszt. Tout à l'obsession de l'éloigner, il n'envisage point de l'inscrire à la célèbre université d'Iéna, à vingt kilomètres de Weimar. Daniel accepte l'offre d'Édouard Liszt pour complaire à son père. Car le droit ne l'attire guère. Mais, conciliant comme il l'a toujours été, il se sacrifie volontiers et se persuade qu'à force de travailler, il trouvera de l'intérêt dans une matière qu'il croit ingrate. Par une pirouette, dont il est coutumier, il défend son choix auprès de Blandine qui, le connaissant bien, lui en fait le grief : « Est-ce gâcher sa vie que d'employer trois ans à connaître le droit et à se développer, après quoi on peut être soit professeur de droit, soit diplomate, soit écrivain, soit musicien, soit avocat, soit administrateur, soit homme politique, soit même, s'il le faut absolument, et si un ingénieur est si enviable, entrer à l'École centrale ? »

À la mi-avril, alors que la princesse tombe gravement malade et garde le lit, il quitte Weimar pour séjourner quelque temps chez Cosima à Berlin. Les conciliabules entre le frère et la sœur se prolongent très avant dans la nuit. Ces quelques journées apparaissent à Daniel comme une bouffée de liberté, voire une délivrance. Il le confie à Blandine : « Youp ! m'y vlà ! Je suis sorti d'une atmosphère qui aurait fini par user ma respiration. Nager entre deux eaux n'est point mon fort. Ayant toujours vécu avec vous, rue Casimir-Perier, et avec maman, je n'ai pas encore assez d'expérience et partant de promptitude dans le jugement pour tenir constamment le milieu entre la concession et la fausseté, la discrétion et la dissimulation. Je n'avais qu'à me laisser aller à ma nature qui est bonne et je n'avais pas appris à poser des limites, puisqu'il n'y avait qu'à marcher et courir toujours en avant, tête baissée. » De cet aveu, il ressort clairement qu'il s'est sans relâche comprimé pendant ces mois à Weimar. Entre la distance que lui a imposée son père dans leurs rapports et les amabilités hypocrites de la princesse, il est constamment resté sur son quant-à-soi.

De retour pour peu de temps à Weimar afin d'écouter son père diriger son *Prométhée*, il quitte définitivement l'Altenburg à la fin du mois d'avril et fait un crochet par Dresde où, pendant plusieurs jours, il accomplit sans enthousiasme l'itinéraire du touriste classique dans cette ville aux pierres sombres. Il se promène sur la terrasse de

Brühl qui domine l'Elbe et visite le musée de peinture, tout récemment construit par Gottfried Semper, et qui, selon les guides, est considéré alors, avec ceux de Paris et de Florence, comme l'un des plus importants d'Europe. Un tableau de Titien, la *Vierge* de Holbein, qui n'est pas encore considérée comme une simple et belle copie, et une Madone de Raphaël retiennent son attention. Mais son esprit porté à l'abstraction le rend hermétique à l'art pictural et au travail de la couleur comme à la sculpture qu'il accuse de monotonie dans la constante reproduction des formes matérielles. Malgré les efforts de concentration auxquels il s'applique, en cela comme en toute chose, il reconnaît : « plus je vois ces tableaux, moins je m'y entends » ; les lithographies qu'on a faites de ces œuvres l'impressionnent davantage. Les Guido Reni, en revanche, lui répugnent à cause de l'expression déchirante de souffrance qui s'en détache, car, à son gré, ces tableaux agissent plus sur les nerfs que sur l'âme. Toujours aussi sensible, il devient de plus en plus épris de spiritualité. Mais son séjour dresdois n'est pas que distraction artistique. Et toujours prompt à l'étude, il y reprend son apprentissage de l'allemand, ayant découvert un dictionnaire très commode, où il se réjouit de relever les pluriels des substantifs et les formes irrégulières des verbes.

VIENNE

Rendu à Vienne en juillet 1857, muni de son diplôme dressé par la Sorbonne, Daniel a deux mois à patienter pour savoir s'il pourra passer l'« examen de maturité ». Le voici donc consigné au cœur de la capitale autrichienne, près de l'université, dans une chambre assez large pour qu'il puisse y faire les cent pas et suffisamment calme pour y travailler. Il se morfond et se compare à une personne qui arrive à la gare de chemin de fer quelques heures avant le départ. Mais, dès que l'université ouvrira ses portes, il l'assure : « Je me mettrai en mouvement, piochant de mon mieux, et regardant plus souvent la terre qu'il faut creuser, que les corneilles que l'on ne peut pas faire rôtir », écrit-il à la princesse Marie avec humour. Il loue un piano avec lequel il compte se reposer des livres de droit. La pièce est gaie et, porté par son naturel poétique, il évoque, sur ses murs, la fantaisie du papier peint qui prend la couleur verte, le jour, en la baignant ainsi dans la nature, et se transforme en bleu, le soir, pour l'emporter vers l'azur du ciel. Certains jours, il l'arpente de long en large comme un lion en cage. Il n'assiste donc pas aux mariages de ses sœurs, Cosima avec Hans von Bülow le 18 août 1857 à Berlin, sous les auspices de leur père – mariage qui sera désastreux –, et Blandine, le 22 octobre 1857 à Florence, sous ceux de leur mère qui a eu le flair de trouver un avocat au talent prometteur, Émile Ollivier – mariage qui sera heureux. Toute correspondance de Daniel à cette époque a disparu : s'est-il réjoui de ces noces qui risquaient de distendre un peu leur communion d'antan ?

Vienne ne lui plaît pas. Il prend vite en détestation les habitants dont il dénonce la lourdeur, la sensualité, l'avarice, la jalousie. Il abhorre leur goût pour les cancaneries et leur adoration de la médiocrité. Il prétend qu'il n'y a là aucun progrès intellectuel suffisamment solide. L'aristocratie lui paraît vaniteuse, au point de se croire souillée par le contact de gens qui, selon lui, valent pourtant mieux qu'elle. Elle est bornée jusqu'à ne trouver d'autre divertissement à son ennui que dans la musique de Verdi qu'il estime « corrompue, sensuelle et gourmande, et par-dessus tout hypocrite ». Outre qu'il continue à prendre des leçons d'allemand pour se perfectionner, preuve que certaines subtilités linguistiques lui échappent encore, il se lance dans l'étude du hongrois, à la demande de son père.

De ce fait, dans un premier temps, il fréquente peu la société alors que, grâce aux relations de Liszt, il pourrait être reçu dans quelques salons. Mais il se refuse à utiliser les lettres de recommandation qu'il serre dans son portefeuille tant elles lui paraissent ressembler à un collier de chien. Cependant, les mois passant, il finit par vaincre son aversion pour les mondanités et se plie à ses obligations de « fils de ». Il rend visite à quelques grandes familles qui gardent un souvenir enthousiaste du virtuose lorsqu'il séjourna à Vienne dans les années 1840. Dans l'accomplissement de ces corvées, ce sont surtout les ridicules de ses hôtes qui lui sautent aux yeux et le confortent dans son désir de s'en tenir éloigné. Ainsi, loin de succomber à l'attrait de ces augustes personnages pour lesquels son père manifeste tant de faiblesse, il ne peut s'empêcher de moquer dans ses lettres leur physionomie et leurs manières. Il adopte une nouvelle fois, à son insu, le comportement de sa mère, détachée des simagrées de l'aristocratie qu'elle a exclusivement fréquentée dans sa jeunesse et avec laquelle elle a rompu toute relation. « L'atmosphère qui s'élève de cette mer d'indifférence, a quelque chose de glacé qui rappelle dans des proportions très minimes il est vrai, le séjour de Roger et de son ennemi dans l'*Enfer* de Dante », s'amuse-t-il à écrire. Pour endurer ces moments d'ennui qu'il subit depuis l'enfance et où, disait-il, il se trouvait « aplati », il songe « qu'il y a dans mes poches quelques livres d'un plomb bienfaisant qui me tient en équilibre stable sur ma chaise ». La seule maison où il se sent à l'aise est celle d'une demoiselle Schwarzhuber où il vainc sa timidité en acceptant une fois de jouer une pièce à quatre mains au piano…

En novembre, dès l'ouverture de l'université où il a été accepté, il s'attelle donc au droit comme à un devoir, celui que lui a imposé son père. Et, comme toute chose qu'on se met à pratiquer avec concentration, il parvient à en tirer de l'intérêt tout en s'avouant qu'il ne fera pas carrière dans ce pays : il l'exprime à son ancien camarade Edmond Mouillefarine, avec lequel il a repris contact. Celui-ci lui ayant révélé son intérêt pour les plantes, Daniel, toujours prêt à obliger autrui, s'empresse de le mettre en relation avec un botaniste érudit de Vienne.

Mais, comme lorsqu'il dénigre un opéra de Verdi, épousant la regrettable pensée d'une certaine intelligentsia à l'égard de la musique italienne, persiste chez lui une volonté obstinée de considérer toute sensualité comme une répugnante faiblesse. Plus jeune, n'avait-il pas regretté sa présence dans *La Jérusalem délivrée* ? Quant au bien-manger et au bien-boire, ce sont des plaisirs triviaux auxquels il ne saurait s'abaisser. Il a particulièrement en détestation le *Rindfleisch*, c'est-à-dire la viande de bœuf, accommodée dans une lourde sauce, dont est friande la population. Il sort, dégoûté, du célèbre café Sperl où il s'est cru obligé de faire une visite. Bien que soient organisés des concerts dans son jardin, il déplore que le public y vienne surtout pour s'empiffrer. Pur esprit, Daniel ? On est tenté de le croire avec tout ce que ce comportement recèle de refoulements et de peurs, à moins que sa santé fragile ne le pousse instinctivement à rejeter toutes les blandices des sens pour la ménager.

S'il s'oblige à quelques marches « forcées », comme il les appelle, dans la campagne environnante, il préfère fréquenter les salles de concert qui abondent dans la capitale autrichienne. Les soirées à l'opéra le distraient : *Les Huguenots* de Meyerbeer, admiré par son père qui en a tiré une grande fantaisie dramatique, dont il se met ensuite à étudier la réduction au piano, ou encore *Oberon* de Weber. Son sens critique n'est jamais au repos : *Fra Diavolo*, un opéra-comique d'Esprit Auber, qu'il va écouter en plein jour dans un théâtre provisoire en bois, échafaudé pour l'été, lui semble une vieillerie. Il s'amuse beaucoup des recommandations préalables qu'on fait au public lors d'un concert donné à la campagne près de Schönbrunn : le public est prié de ne point faire trop de tapage avec ses cuillères, mâchoires et fourchettes pendant les diminuendos ou pianos. Il fréquente aussi la célèbre salle de la Redoute, au palais impérial, où il écoute l'*Athalie* de Mendelssohn, un *Trio* d'Anton Rubinstein. Il assiste à des concerts de Clara Schumann et dîne avec elle en petit comité chez une dame de sa connaissance. Ses grands yeux verts le séduisent et elle lui paraît incarner la « musique, corps et âme ».

Le 11 décembre, il s'avise de fêter la Saint-Daniel avec deux camarades dans sa chambre qu'éclaire un lustre à huit bougies ainsi que « nos trois esprits, comparables à autant de lampes électriques ». Café, cigares et bière les tiennent en éveil jusqu'à une heure du matin. Les trois lurons décident alors de passer une nuit blanche. Ils se rendent sur la colline de Kahlenberg en bordure de la ville pour l'admirer à leurs pieds. Le Danube s'alanguit au loin. Au fur et à mesure que surgit l'aube, Daniel, pourtant peu enclin à savourer les charmes de la nature, goûte les métamorphoses des couleurs.

Mais la solitude lui pèse malgré quelques nouvelles relations et malgré les passages à Vienne d'élèves et de connaissances de son père tel le violoniste, compositeur et philosophe Alexander Ritter, ou le violoncelliste Bernhard Cossmann que Liszt a recruté dans l'orchestre de Weimar. Il supplie ses sœurs qui, semble-t-il, restent l'unique source de ses confidences intimes, de lui écrire souvent. Leurs lettres lui paraissent autant de rayons de lumière au cœur de l'ombre où il leur assure vivre désormais. À Blandine, il déclare : « Je voudrais que chaque phrase de ma lettre se change dans ta main en une belle fleur bien tendre et bien sérieuse, afin que tu saches comment je réponds au mouvement de cœur qui t'a dicté ta lettre. » Car l'ennui le taraude et, loin de celles qu'il chérit, il se sent malheureux. La nostalgie de son enfance parisienne le mine : « J'ai le défaut de m'ennuyer très-souvent, et même je me suis toujours ennuyé vigoureusement trois ou 4 heures par jour, tout le temps de ma vie où j'ai été éloigné des personnes que j'aimais. À Paris je m'ennuyais, excepté le dimanche où nous nous amusions comme des rois en nous embrassant comme des pauvres. »

L'inventaire et la diversité de ses lectures continuent à être écrasants. Aux classiques, il ajoute désormais les contemporains : *La Femme de lettres* d'Eugène Sue, *Consuelo*, *Valentine* et *Jacques* de George Sand, *Atala* de Chateaubriand et de nombreux romans de Balzac ainsi que plusieurs pièces de Shakespeare, le *Faust* de Goethe, dont sa mère fait sa religion, *Les Confessions* de Rousseau, les *Girondins* de Lamartine, *Le Monde slave* de Cyprien Robert. Il s'enthousiasme un peu plus tard pour le style simple de George Sand dans *François le Champi*. Puis il acquiert les œuvres de Lessing. Sa boulimie de lectures ne faiblit pas. Grâce à un ami de son père, il s'immerge dans la littérature allemande et se plonge dans une biographie de Napoléon qui a toujours cherché, selon lui, à faire le bien mais à la façon des hommes d'État, « c'est-à-dire sans s'apercevoir que la somme en était dépassée par celle du mal qu'il faisait pour y arriver ». Dans les lettres à son père, il aime à en rendre compte. Mais comme il a compris que celui-ci détestait les épanchements et les confidences, a fortiori venant de ses enfants, il lui précise en préambule : « Tout ce que je vais vous dire de mes lectures, n'est qu'une manière indirecte de vous exprimer mon affection tout en vous donnant des nouvelles de moi. » Liszt n'aura probablement jamais conscience de ce que cache ce douloureux aveu.

Ainsi, les trois axes de la vie dans lesquels il se projette deviennent, comme il l'écrit à sa sœur, le catholicisme, plus austère qu'il ne l'est et plus pénétré de la divinité de la souffrance, la musique et la liberté. « La cause de la liberté est intimement liée avec celle de la vérité, tout homme qui réfléchit l'apercevra », affirme-t-il, se rapprochant ainsi inconsciemment des doctrines de sa mère. Se souvient-il qu'elle a publié dix ans plus tôt un *Essai sur la liberté considérée comme principe et fin de l'activité humaine* ?

Et la musique ? Il annonce à son camarade Mouillefarine : « Je crois que je composerai. » L'a-t-il avoué à son père ? Il lui apprend comme une sorte d'aveu : « J'ai commencé à étudier la *9e Symphonie* [de Beethoven] et j'en ai fini avec la 1re partie. Tausig [un élève de Liszt] m'a fait lors de son séjour à Vienne une remarque dont je cherche à profiter : mon oreille est musicale. Mais jusqu'ici je ne me suis pas assez efforcé de saisir tous les détails de la forme. Ce n'est pas assez, comme je le croyais, de remarquer les suites d'accords, de retenir les mélodies, de distinguer les différents instruments et les différents rythmes. Il faut étudier aussi l'enchaînement des parties et le développement d'un même motif, et c'est ce que je tâche de faire maintenant. »

En lui imposant des études qui ne correspondent pas à ses inclinations littéraires et artistiques, en contraignant sa nature si riche, rêveuse, idéaliste, qui cherche à tâtons la voie de son épanouissement, en l'installant dans une ville où il n'a aucune attache après qu'il a été transplanté de lieu en lieu toute sa vie, Liszt a-t-il été incapable de comprendre son fils ou l'a-t-il égoïstement sacrifié au maintien de sa propre tranquillité ? Nul doute que la personnalité multiforme de Daniel le déroute.

Les sujets de théologie inspirent de plus en plus les méditations du jeune homme. Et le catholicisme au premier chef. Mais la conception tragique qu'il en a, où la fatalité de la souffrance prend la première place, révèle un être résigné, qui a renoncé au bonheur terrestre, à cette explosion de vie à laquelle succombent la plupart des jeunes gens de son âge. Il se persuade qu'il sera conduit à mener une vie solitaire. Si Daniel renonce à entrer dans la prêtrise, il s'interroge néanmoins sur l'enseignement du dogme catholique et son devenir. Sa conception de la religion rejoint celle de toute une cohorte de saints, typiques du XIXe siècle, pour lesquels la macération, l'humiliation s'imposent au cœur de la vie chrétienne. Vision sinistre de la foi qui blâme la pratique des plaisirs terrestres. Comme pour se fortifier dans ses croyances mortifères, il prétend que sa foi à lui ne se fonde point sur l'obstination dans la pratique mais bien au contraire sur l'extrême rigueur du raisonnement. « Je n'admets pas d'autre espèce de preuves que les preuves géométriques. Toute autre manière de prouver me paraît insuffisante. Cette méthode m'a conduit à voir que rien ne prouve le contraire des vérités de foi, tandis qu'au contraire la preuve de leur vraisemblance (car je ne vais pas plus loin) est rigoureuse et peut s'accroître à l'infini par l'étude approfondie des deux Testaments. » Déjà l'année précédente, il avait confié à l'une de ses sœurs vouloir écrire un livre sur le catholicisme, persuadé d'y développer sérieusement quelques idées qu'il croyait naïvement peu répandues encore. Et pour rendre ses arguments plus percutants, il se préparait à se faire douce violence en recourant à l'ironie et aux railleries qu'il n'apprécie pourtant pas. Car la modération, pensait-il, n'est efficace en rien dans ce genre de propos si l'on veut faire mouche. À Vienne, il approfondit ses réflexions qui prennent une ampleur presque tragique. De plus en plus attachée à la personne du Christ, sa vision de la religion ne s'attarde pas sur la notion de Dieu : « On ne s'approche ni on ne s'éloigne de la connaissance de Dieu, parce qu'il ne nous a rien révélé de lui-même. » Dieu reste pour lui une conception. En revanche, Jésus le fascine en tant qu'il est amour et souffrance. Au lieu de considérer la joie de la rédemption et de la résurrection, les bienfaits du partage et de la fraternité, Daniel ne prend en compte que la voie de l'affliction pour s'approcher de Dieu par l'intermédiaire de Jésus : « On approche de la connaissance de Jésus-Christ par la pauvreté, l'humilité, l'abnégation, la résignation, la souffrance, la foi, parce que Jésus-Christ a été pauvre, humble, soumis, résigné, souffrant et croyant. » Plus on pratique toutes ces vertus, plus on effleure la perception de Dieu. Les exécuter infiniment, écrit-il, ce serait devenir semblable à Jésus-Christ et par conséquent le connaître ; par leur exercice continu, on attache le Messie ainsi à chacun de ses pas, et lui, en retour, remplit l'existence de ses consolations.

Daniel a laissé tomber sans regret ses camarades de Paris comme il a pris ses distances avec le « cousin » imposé, Mieczyslaw Kamieński. Ceux-ci d'ailleurs s'en plaignent lorsqu'ils se retrouvent. Refus inconscient du garçon de s'attacher à quiconque par crainte d'en être arraché ? Georges Guéroult, rencontrant inopinément un jour Claire de Charnacé, s'en plaint à elle. Edmond Mouillefarine s'en attriste et adresse à Daniel, selon son aveu, une lettre brûlante de reproches et d'émotion, se demandant s'il aurait l'aumône d'une réponse. Il la reçoit. « C'est bien de retrouver un ami », note-t-il avec soulagement dans son journal. Mais leurs relations ne s'en distendent pas moins. À cette époque, comme on l'a vu, Daniel se lie avec un élève de son père, le Polonais Carl Tausig, de deux ans et demi son cadet, qu'il a connu à Weimar. Ce brillant pianiste sera emporté par la fièvre typhoïde à vingt-neuf ans. Au contact de ce nouvel ami, le jeune homme sérieux de dix-huit ans accomplis, qu'on sait parfois espiègle, ressuscite le pitre d'antan et se livre à des canulars plutôt propres à l'adolescence dont son camarade, il est vrai, est sorti depuis moins longtemps. C'est une facette de sa personnalité que Daniel réanime alors qu'on pouvait la croire étouffée par ses crises d'introspection et ses déchirements mystiques. Ces bouffonneries inattendues prennent l'apparence d'un sursaut vital, comme s'il voulait s'y oublier.

Elles se manifestent lors d'une petite éclaircie qui rompt pendant quelques jours le long tunnel que parcourt Daniel. C'est l'arrivée de son père à Vienne en mars 1858. Il s'empresse d'aller l'accueillir avec une grande déférence à la gare de chemin de fer. Le compositeur vient diriger sa *Messe de Gran*, qui recevra plus tard en l'église parisienne de Saint-Eustache un accueil hostile, orchestré par Guy de Charnacé, gendre de la comtesse d'Agoult. On a accusé celle-ci d'avoir été à la manœuvre en sous-main mais rien n'est moins sûr. Elle aurait dû cependant ne pas tolérer la cabale et refroidir le zèle intempestif de son beau-fils, plutôt incompétent en matière musicale. La parution de cet article, qui blessera profondément Liszt, ne pourra que contribuer à élargir le fossé entre les deux anciens amants. Pour le concert viennois, on sollicite le concours d'un chœur hongrois venu de Pest. Comme par le passé, aucune expansion dans les relations entre le père et le fils ne surgit : Liszt reste affectueux, sérieux et calme mais distant, même lorsqu'il donne un grand souper. Il se mure souvent dans un silence que Daniel n'ose rompre. De fait, ce père n'a aucune envie de briser la distance qui s'est instaurée entre eux, et qui l'arrange. Il l'écrit clairement à la princesse Marie : « Vis-à-vis de moi, Daniel garde toujours beaucoup de réserve et passablement d'embarras. En somme cela vaut mieux ainsi, et je n'y changerai rien. » Mais Daniel se satisfait d'une situation qu'il a fini par accepter. Lorsqu'il compare ses parents, la conclusion se fait au détriment de sa mère : « Oh ! je deviens sévère pour mimi lorsque je songe à ce qu'il y a d'abnégation et de beauté en lui. » Il en arrive à considérer que, dans l'histoire d'amour de ses parents, devenue notoire avant d'être emblématique dans le microcosme parisien, son père a succombé à une fugace et pardonnable période d'enivrement.

Pour se rapprocher de lui lorsqu'il arrive en mars 1858, Daniel déserte sa chambre et emménage dans celle de Carl Tausig, à l'hôtel où Liszt est descendu. Tous deux cohabitent dans le chahut et se livrent à des pitreries qui ne sont plus de leur âge : « Les bêtises que nous faisions ensemble perdent à être racontées parce que le fluide sympathique qui s'établit entre les deux personnes qui bêtisent fait trouver drôles et spirituelles bien des choses qui le sont peu. Par exemple, j'ai eu des rires fous pour des sujets comme celui-ci : nous composions des noms d'hommes, avec les noms des plats qui étaient sur la carte. Par exemple : caviar + galandini faisait : *Herr* Caviardini. Et alors nous montions dans les maisons demandant : "*Herr* Professor Caviardini ?" d'un air très naïf. – Et puis venaient les fous rires. » Une telle puérilité chez ce garçon de presque dix-neuf ans n'exprime-t-elle pas un besoin vital de relâcher la pression d'une scolarité qu'il poursuit sans enthousiasme ? Qui imaginerait que ce clown dévergondé redeviendra, peu après, l'étudiant scrupuleux qu'il est depuis plusieurs mois, enchaîné à d'ingrats manuels de droit ? Sa personnalité se réfugie-t-elle dans ces accès d'enfantillage afin de repousser autant que possible le moment où il devra enfin décider de la voie qu'il veut suivre ?

Après le départ de son père, Daniel s'empresse d'aller voir Cosima à Berlin en passant à nouveau par Dresde sur laquelle il porte un avis complètement opposé à celui qu'il avait émis lors de son séjour précédent. Elle devient pour lui la plus jolie des villes et l'atmosphère la plus artiste qu'il ait rencontrée en Allemagne. Il se dit tombé amoureux de l'Elbe, même les jours où ses flots boueux se colorent de jaune. Quant au musée, certains chefs-d'œuvre qui l'avaient rebuté lui dévoilent maintenant leurs charmes. Sans doute, dans l'éloignement de Vienne, retrouve-t-il une liberté, une éclosion de tous les sens qu'il comprime lorsqu'il plonge dans ses arides pavés juridiques. Aussi est-ce avec son habituel humour qu'il évoque les personnes auxquelles il s'est obligé à rendre visite. Mais, selon ses dires, il y a joui de malchance : la première était malade, la seconde avait à ses yeux l'air d'un cadavre et la troisième était un peu sourde, un peu silencieuse et en proie au mal de tête. Une fois de plus, sans qu'il s'en aperçoive, son style incisif et rapide pour évoquer ses déboires, son regard aigu et pénétrant pour épingler les travers des êtres au premier coup d'œil, ressemblent fort à ceux de sa mère. Désormais épris de Dresde, il y retournera une nouvelle fois avant la rentrée de 1858 pour y passer deux mois sur l'invitation de la comtesse Krockow, d'origine anglaise, liée à Cosima et à Richard Wagner. Pour ces grandes vacances, pas question de se rendre à Weimar, distant de deux cents kilomètres, puisque son père passe au même moment les siennes dans le Tyrol. Daniel trouvera l'audace de lui avouer : « J'ai passé ces deux mois à Dresde et aux environs, sans rien faire, ou plutôt ne faisant rien qu'*à mes heures* comme mon confrère le héron au long bec emmanché d'un long cou. Mais plus hcurcux quc lui, j'ai eu mieux que du goujon intellectuel, j'ai eu de la carpe et même du brochet. » Et de citer quelques rencontres qu'il juge enrichissantes, et autrement plus réconfortantes que toutes celles qu'il a faites à Vienne. Il cite les écrivains Karl Gutzkow, grand ami de sa mère, et Berthold Auerbach ou la grande cantatrice vieillissante Wilhelmine Schröder-Devrient : « Leur société est comme un gros vin qui porterait à la tête si on voulait en boire beaucoup. »

En mettant les pieds chez sa sœur à Berlin, Daniel aspire une bouffée de paradis. Tous deux, fort émus de se retrouver, vont mener une petite vie calme pendant quelques jours. Bien que le trio ne soit pas reconstitué, c'est la même intimité, la même complicité de naguère qu'ils ressuscitent. Et l'absente Blandine, que Daniel n'a pas vue depuis qu'il a quitté Paris et qu'il ne reverra jamais, les rejoint en pensée puisqu'il s'empresse de l'associer à leur bonheur. Dans une lettre qu'il lui envoie, il assure avoir retrouvé la Cosima d'antan : même allure gracieuse dans la ligne du cou pourvu d'un charme aristocratique, quelques touchantes maladresses dans les gestes et le même long nez qui lui valut le surnom de cigogne au temps de leur coquille parisienne. Seuls ses yeux lui paraissent transformés, comme agrandis et plus foncés. Il apprécie l'atmosphère artistique qui baigne l'appartement. Et, toujours prompt à défendre ses sœurs, il dénigre un portrait de Blandine que Cosima a accroché près de la porte de son boudoir : « C'est une vraie caricature. La pensée a plissé un peu trop le front de l'auteur pour lui permettre d'avoir de l'imagination. La ligne du cou en particulier est d'une affectation qui m'a indigné. » Parlent-ils de leur mère avec laquelle Cosima ne rompra jamais ? Elle en est d'autant plus proche qu'elle commence parallèlement une amitié très solide, très belle et négligée par ses biographes, avec sa demi-sœur Claire de Charnacé où toutes deux s'en donneront plus tard à cœur joie pour dénigrer leur mère. Pourtant, c'est grâce à l'entregent de cette mère tant décriée, bien utile de par ses nombreuses relations, que la jeune baronne von Bülow va peu à peu respirer un parfum intellectuel qui la sort des bisbilles avec sa belle-mère et du rôle assumé d'épouse dévouée. Puisque la carrière de pianiste qu'elle a osé concevoir un moment et auquel son mari n'était pas hostile, s'est heurtée à l'opposition brutale de son père, elle a décidé de se lancer dans l'écriture. Elle vient de commencer une collaboration fructueuse à la *Revue germanique* qu'a fondée l'Alsacien Charles Dollfus, un ami intime de la comtesse d'Agoult, afin de diffuser la culture allemande en France. Cosima y enverra des articles et des traductions qui paraîtront sous pseudonyme ou non signés.

Franz Liszt accorde-t-il une pension trop serrée à son fils ou celui-ci se montrerait-il trop dépensier ? Il est difficile de le croire tant le désir de Daniel de complaire à son père le conduit à mener une vie presque monacale. Étourdi, sinon insouciant des choses matérielles, il l'est sans doute. Toujours est-il qu'il traverse de temps en temps des moments tendus. Lors de son séjour à Dresde en avril 1858, il se découvre à court d'argent pour payer son hôtel. Il lui manque trois thalers et l'hôtelier renâcle à les lui avancer. Mais Daniel ne se démonte pas : il devient insolent et sarcastique, ridiculise l'aubergiste devant l'assemblée des domestiques, joue de son nom et lui arrache finalement un crédit. C'est aussi faute d'argent qu'il renonce à se rendre à Paris à la même époque comme il y aspire. Qui souhaitait-il y revoir ? Sa grand-mère à laquelle il a conservé toute sa tendresse, sans aucun doute. Sa mère ? Peut-être : le temps commencerait-il à faire son œuvre pour qu'il remette à plat son jugement? Lorsqu'il apprend que son beau-frère va diriger des œuvres de Liszt à Prague en mars 1859, il demande à son père de lui envoyer entre vingt et vingt-trois florins pour y assister. Pour justifier sa demande, il lui communique les trois grosses dépenses qu'il vient de faire : trente florins pour un habit, vingt pour des leçons de droit canon et trente-cinq pour la location de sa chambre et ses dîners. C'est la princesse zu Sayn-Wittgenstein qui, peut-être pour racheter devant son Dieu ses mauvaises pensées, lui envoie le pécule souhaité. Et, en guise de gratitude, il adresse à son père un long compte rendu, à la fois du concert et des répétitions, non sans y ajouter quelques annotations musicales pour lui prouver ses progrès dans l'analyse des partitions. Immense succès de la *Rhapsodie hongroise*, dit-il, le poème symphonique *Festklänge* critiqué à tort, à son avis, parce qu'il manquerait de forme. C'est la *Faust-Symphonie* qui le remue jusqu'au fond des entrailles. Daniel se met en quatre pour flatter son père.

Bien que vivant sur un pied modeste, il a si peu conscience des contingences financières qu'il accepte de donner gratuitement trois fois par semaine des leçons de français à une jeune fille de seize ans, fille d'un marchand de petits pains. Il prétend se racheter de sa nullité par ce dévouement parce que l'élève est simple et très jolie. « Ces leçons jettent sur mes journées un parfum de contentement dont on ne peut apprécier le prix que lorsque l'on a connu la pesanteur de l'ennui. [...] Et puis enfin il y a un grand charme attaché à la présence d'une jolie fleur. Aussi je suis enchanté d'avoir fait la trouvaille de cette *Greetchen* [*sic*] exempte de passion de trouble et de remords. » S'agit-il d'un stratagème pour rassurer sa sœur Blandine, qui lui demanda une fois s'il songeait au mariage ? Il avait alors esquivé la réponse. Car, jusqu'ici, l'angélique Daniel n'a jamais fait la moindre allusion à une attirance pour les jeunes filles. Ne donne-t-il pas le change en évoquant une demoiselle « très jolie » afin de gagner sa tranquillité ? Comme l'a remarqué son père, Daniel est devenu plus rusé qu'il ne paraît.

Il ne se prive pas de brosser son père dans le sens du poil. Et l'une des meilleures façons est de charger sa mère. Songeant à l'essai *Esquisses morales* qu'elle a publié en 1849 et qu'il chérissait naguère, il lui dit éprouver une certaine satisfaction en se voyant détaché des « grandeurs » qu'il prétend exprimées dans cet ouvrage. Est-ce à dessein qu'il confond abusivement l'auteur et son œuvre ? Il assure donc en évoquant sa mère : « Il ne se peut point d'éloignement plus doux et plus insensible. Ce n'est point par des disputes domestiques que ce travail de séparation s'est opéré. C'est un procès purement intellectuel qui a duré deux ans. L'aigreur n'y a donc aucune part. » Pour une fois, si le jugement de Daniel est sincère, s'il n'est pas le fruit d'un désolant calcul dans l'espoir de complaire à son père en dénigrant sa mère afin de glaner quelques miettes supplémentaires d'affection, eh bien, ce jugement échappe à toute la justesse d'analyse qui éclate en général dans le compte rendu de ses lectures. Car *Esquisses morales* est un petit livre incisif, empli d'observations lucides et innervé par une percutante exigence conceptuelle ; il s'inscrit à plein dans la tradition des moralistes du XVIIIe siècle et fait écho aux nombreuses questions que Daniel se pose. On n'y décèle en rien les « grandeurs » qu'il dénonce. Et, une nouvelle fois, il révèle à son insu l'influence qu'il a reçue de sa mère dans une lettre qu'il envoie à son ancien condisciple Mouillefarine et où il montre à quelle vitesse sa pensée politique évolue. Loin de suivre son père dans l'admiration de Napoléon III, il s'y déclare converti à la république à laquelle il adhère fermement et qu'il considère comme la juste prolongation du dogme chrétien, ne serait-ce que parce qu'elle proclame des principes égalitaires. Il précise à son ami : « Mon plan (si j'avais la faculté de parler en public ce qui n'est pas sûr) se rencontre avec le tien. Parler et écrire éloquemment pour la cause de la liberté en France. Car autant que j'y puis voir clair il n'y a rien à faire en Autriche et puis je ne suis pas éloquent en allemand. » Cette cause de la liberté, pense-t-il, est étroitement liée à celle de la vérité. A-t-il conscience que son opinion reflète exactement celle de Daniel Stern, auteur d'un *Essai sur la liberté* ? Républicaine de longue date, la comtesse d'Agoult a engagé toutes ses forces pour défendre la Deuxième République, la soutenant au travers de *Lettres* ardentes qu'elle a publiées au fil des semaines de 1848. Daniel avoue aussi à Mouillefarine qu'au terme de ses études, il songe à regagner la France. Mais ces nouvelles préoccupations, qui détonneraient dans le cercle de ses proches, il prend garde de ne pas les révéler à ses sœurs, ni a fortiori à son père. Que ne les a-t-il confiées à sa mère !

En juillet 1859, un nouveau camarade surgit, le jeune compositeur Peter Cornelius, un autre élève de son père qui, lui, est de quinze ans son aîné, et dont Liszt vient de diriger le charmant opéra-comique, *Le Barbier de Bagdad*. Les scènes allemandes continuent de nos jours à le représenter. Le jeune homme, logé à proximité de la ville, dans un lieu fleurant bon la campagne, avec des bouquets de fleurs dans sa chambre que renouvelle quotidiennement la logeuse, emmène Daniel au parc du Prater, l'initie à quelques beautés de la nature auxquelles ce citadin ancré prend désormais goût. Il lui fait découvrir au Volksgarten – les jardins du palais impérial – la musique de Johann Strauss qui devient à son avis « le seul talent musical qui mérite d'être remarqué à Vienne ». Il est impensable que Peter Cornelius ne lui raconte pas les humiliants déboires subis par Liszt à Weimar depuis la fin de l'hiver. Étrangement, Daniel semble ne pas le savoir si l'on s'en rapporte au contenu de ses lettres.

Depuis plusieurs années, le musicien affrontait l'hostilité d'une petite coterie jalouse, qui avait été brutalement ranimée par la nomination d'un nouvel intendant au théâtre. Ses inclinations pour la musique d'avant-garde qu'il programmait, son soutien inconditionnel aux œuvres de Wagner, avaient trop longtemps heurté les goûts conservateurs de nombre de ses contemporains. C'était désormais avec tristesse qu'il faisait le bilan de ses onze ans de dévouement à Weimar. Il constatait combien ses émoluments étaient restés modestes face à l'énergie qu'il avait dépensée et il songeait aux sommes vertigineuses amassées au temps de sa carrière de virtuose. La publication de ses poèmes symphoniques, de sa messe, ne lui rapportait rien. Quant à la fortune personnelle de la princesse Carolyne qui avait contribué à meubler l'Altenburg, elle avait été mise sous séquestre par le tsar en 1854 quand elle avait refusé de se rendre en Russie pour signer une séparation de biens entre époux, qui la spoliait outrageusement. De ce fait, la fortune était passée sur la tête de sa fille encore mineure et mise sous tutelle. En outre, le soutien du versatile grand-duc Alexandre faiblissait. Plus que vers la musique, son intérêt se portait désormais vers la peinture et le théâtre. Lorsque Liszt fut sifflé à l'issue d'une représentation du *Barbier de Bagdad*, il envoya sa démission de maître de chapelle, le 14 février 1859. Blessé et désabusé, il se mit le lendemain en route pour Berlin. Séjournant dans la capitale prussienne, puis à Löwenberg et à Leipzig, il revint épisodiquement à l'Altenburg. Il s'y trouvait depuis presque deux semaines quand décéda en juin la vieille grande-duchesse qui avait tant fait pour la littérature et les arts au début du siècle. Il prononça son panégyrique lors d'une cérémonie funèbre. Daniel semble donc ignorer que, de plus en plus misanthrope, son père s'enferme dans l'Altenburg et refuse de paraître lors des grandes réjouissances qu'organise la ville. Malgré ses voyages, Weimar restera cependant son port d'attache jusqu'en août 1861. En mai 1860, la princesse zu Sayn-Wittgenstein quitta définitivement l'Altenburg pour se rendre à Rome dans l'espoir de faire annuler son mariage afin de pouvoir épouser Liszt malgré l'usure de leur couple. Après que ses démarches eurent échoué, elle abandonna toute illusion et s'installa dans la Ville éternelle.

Dans quelle forme physique Daniel arrive-t-il au mois de juillet 1859 à Presbourg (aujourd'hui Bratislava) où il séjourne huit jours chez des amis ? Rien dans sa correspondance n'alerte sur son état de santé. Il paresse doucement, mange des cerises, dort beaucoup sur l'herbe, « prenant plaisir à tout parce que je voyais qu'on me voulait du bien, et que j'en voulais aussi à ceux qui m'entouraient ». Pour qu'il ait besoin d'aller trouver du réconfort chez des gens « qui lui veulent du bien », Daniel est-il si malheureux à Vienne où, selon ses dires, il ne voit que des individus bêtes ou malheureux ? Songeant à la rentrée, il écrit à son père : « Jusqu'au mois d'octobre je serai dans une sorte de conflit avec moi-même, ayant à apprendre une foule de choses par cœur pour me mettre en état de passer l'examen. La conscience d'être obligé à ce travail, m'inspire du dégoût contre lui, et dès que l'occasion se présente de faire autre chose, je m'en empare avidement. »

Cependant, lorsqu'il arrive au mois d'août chez Cosima à Berlin, sa maigreur alarme d'emblée sa sœur. Très vite, il est saisi de vertiges et s'affaiblit à vue d'œil. Bientôt, il ne parvient plus à dormir la nuit et Cosima se dévoue pour lui faire la lecture. Le médecin, pourtant, reste optimiste sur son rétablissement, bien que du sang commence à jaillir de sa gorge. Cosima s'empresse d'en avertir leur mère : « Daniel venu de Vienne pour me voir m'a fort effrayée par des crachements de sang, une toux sèche et continuelle, et un point de côté insupportable, qui ont fait craindre au médecin lui-même une fluxion de poitrine de la nature la plus grave. Je puis dire qu'il est hors de danger à cette heure, cependant il a grand besoin de ménagements, et il n'y a recommandation que ne lui fasse l'Esculape berlinois, qui l'a du reste admirablement traité. Il en est au régime du lait et des fruits, et sa faiblesse est encore excessive mais la fièvre a disparu.» Le malade n'abandonne nullement l'idée de reprendre ses cours en octobre et trouve assez de force pour se pencher sur un livre de jurisprudence. Cosima paraît en être assez réconfortée pour l'écrire à sa mère, à moins qu'elle n'ait voulu l'épargner. Elle a compris, semble-t-il, et sans s'en inquiéter, le faible intérêt que le garçon porte à ses études, et le flottement de ses réflexions sur son avenir professionnel. La comtesse d'Agoult s'en préoccupe et prie de Nice, le 4 octobre, Claire d'intercéder pour elle : « En ce qui concerne le grand Daniel, je suis un peu effrayée de la satisfaction de Cosima sur son développement éthique. Cela signifie qu'il n'entrera dans aucune carrière et restera à l'état vague, sans fortune, sans appui. C'est insensé. Ne pourrais-tu tâcher de faire comprendre à Cosima que la première condition de la morale c'est l'*indépendance*. C'est-à-dire la vie matérielle assurée ?» Comme elle sait n'avoir plus aucune influence sur son fils dont le devenir la tourmente cependant, elle n'a donc que le recours de prendre sa fille pour intermédiaire, sachant les liens d'affection étroits que les deux sœurs ont noués. Pour elle qui a combattu la tutelle de son milieu afin de vivre indépendante, la liberté de mener sa vie à son goût est primordiale.

Mais Daniel s'affaiblit. Pour le distraire, on le transporte de sa chambre au salon sur un canapé roulant alors que la fièvre s'estompe. Cependant, au début de décembre, Cosima prend peur devant l'aggravation de son état et prie son père de venir. Les prescriptions du médecin, qui garde encore espoir malgré les apparences et mise naïvement sur quelques sursauts de la nature, sont inutiles : ni les verres de tokay ni les tasses de bouillon ne le remontent. Il tousse jusqu'à l'épuisement. Lorsqu'il devient certain que Daniel s'en va doucement alors que lui-même croit toujours guérir, son père se décide à venir, enfin. Il arrive le 11 décembre. Pour ne pas effrayer le moribond, il accepte d'enfreindre ses convictions religieuses et refuse qu'on lui administre les derniers sacrements. L'ayant apprise peu après, cette décision provoquera l'ire de la princesse devenue de plus en plus bigote. Sentant enfin venir la mort après l'avoir si peu perçue, Daniel prononce distinctement ces paroles : « Je vais préparer vos places. » Tout seul, il s'éteint paisiblement le mardi 13 décembre au début de la matinée sans que quiconque de son entourage, qui le croit endormi et s'est installé dans la pièce voisine, ne s'en rende compte. Quand on le découvre, sa physionomie paraît évoquer celle d'un Christ du Corrège. Ses beaux cheveux blonds, soyeux et abondants, ont pris des teintes rousses et retombent sur ses tempes blanches. « Mon pauvre grand Daniel, malade de la poitrine depuis plusieurs mois s'est éteint dans les bras de sa sœur "doux envers la mort" sans la prévoir ni la redouter. Aussi soigné et consolé qu'il est possible de l'être par une personne admirable de dévouement. Ce que cette mort éveille en moi de sentiments, de regrets, de souvenirs, vous le devinerez », écrit la comtesse d'Agoult à l'un de ses deux meilleurs amis. Quant à Blandine, meurtrie de ne pas avoir été avertie de l'état désespéré de son frère alors qu'informée, elle se serait précipitée à Berlin, elle sombre dans un profond désespoir et pleure un frère « si beau, si intelligent, si bon, si naïf, si naturel, si tendre ».

Les obsèques sont des plus simples. Bien que célèbre dans toute l'Allemagne, son père veut une cérémonie intime. Aucune musique pour la messe funéraire tandis que le corps reste dans la maison mortuaire où un chapelain vient ensuite dire l'office des morts. Il n'y a, pour accompagner Daniel au cimetière St. Hedwig, alors situé à la frontière de Berlin (il a été détruit par la construction du mur), que sa sœur, son beau-frère Hans von Bülow et Liszt. Une volée de colombes est lâchée au-dessus de la tombe. Brisant le cortège des sombres jours hivernaux, un soleil lumineux baigne toute la journée. Il permet ainsi à Daniel de s'effacer dans la clarté qui a habité toute son existence en dépit de ses parents.

En 1860, Liszt compose une oraison funèbre, *Les Morts*, à la mémoire de son fils. Et la graphomane Carolyne zu Sayn-Wittgenstein, peut-être prise de remords ou plus simplement soucieuse de protéger sa réputation, s'empresse d'imprimer en français, anonymement, une brochure au style hagiographique. Quant à la comtesse d'Agoult, elle va s'abîmer un an plus tard dans une profonde dépression mentale, la première d'une série qui l'accablera jusqu'à la fin de sa vie, allant jusqu'à la plonger, pendant quelques semaines, dans une crise de folie furieuse. Beaucoup plus tard, après la mort de Liszt, Émile Ollivier écrira à la princesse Marie : « Peut-être y aurait-il dans les œuvres grandioses de Liszt un accent ému qui y manque s'il avait eu pour ceux qu'il a mis au monde un cœur plus paternel et s'il avait cru leur devoir autre chose qu'une dot. »

Je remercie vivement Mmes Sylvie Goguel et Marie-Aude Cap de leur lecture attentive et de leurs précieux conseils.

Bibliographie

ARCHIVES

Bibliothèque nationale de France, département des manuscrits, Paris, N.A.F. 25179.

Richard Wagner Museum, Bayreuth.

Collections privées.

SOURCES IMPRIMÉES

ANONYME (Carolyne zu Sayn-Wittgenstein), *Daniel Liszt*, Leipzig, Giesecke & Devrient, sans date (1860).

BORY, Robert, *Liszt et ses enfants. Blandine, Cosima, Daniel. D'après une correspondance inédite avec la princesse Marie Sayn-Wittgenstein*, Paris, Corrêa, 1936.

VIER, Jacques, *Franz Liszt. L'artiste, le clerc*, Paris, Éditions du cèdre, 1960.

WALKER, Alan, « A boy named Daniel », *The New Hungarian Quaterly*, Budapest, vol. XXVII, n° 102, 1986.

Bellas, Jacqueline, « Liszt… prénom Daniel », *in Actes du colloque international Franz Liszt, La Revue musicale*, Paris, Richard Masse, 1987, p. 215-236.

Liszt, Franz, *Lettres à Cosima et à Daniela*, prés. et annot. Klára Hamburger, Sprimont, Mardaga, 1996.

—, *Briefwechsel mit seiner Mutter, herausgegeben und kommentiert von Klára Hamburger*, Eisenstadt, 2000.

Liszt, Franz, Street-Klindworth, Agnes, *A correspondence, 1854-1886*, trad. et éd. Pauline Pocknell, Franz Liszt Studies Series n° 8, Hillsdale, Pendragon Press, 2000.

Lettres de Franz Liszt à la princesse Marie de Hohenlohe-Schillingsfürst, prés. et annot. Pauline Pocknell, Malou Haine et Nicolas Dufetel, Paris, Vrin, 2010.

« Cher et beau neveu ». Lettres de la princesse Carolyne de Sayn-Wittgenstein à Mieczyslaw Kamieński (1855-1856), suivies du Journal de Mieczyslaw Kamieński, prés. et annot. Marie-Paule Rambeau, Paris, Honoré Champion, 2013.

Agoult, Marie de Flavigny, comtesse d', *Correspondance générale*, édition établie et annotée par Charles F. Dupêchez, Paris, Honoré Champion, t. IX et X, 2020.

Composition : Soft Office
Achevé d'imprimer
par CPI Firmin-Didot
à Mesnil-sur-l'Estrée, en décembre 2024
Dépôt légal : janvier 2025
Numéro d'imprimeur : 182546

ISBN : 978-2-7152-6445-8 /Imprimé en France

640203